NEW 후다닥
여행영어
ENGLISH
Speed Speaking

동양books

초판 1쇄 인쇄 | 2008년 7월 3일
초판 10쇄 발행 | 2018년 4월 10일

지은이 | 동양북스 편집부
발행인 | 김태웅
편집장 | 강석기
편 집 | 황준
디자인 | 방혜자, 이미영, 김효정, 서진희
마케팅 총괄 | 나재승
마케팅 | 서재욱, 김귀찬, 이종민, 오승수, 조경현, 양수아
온라인 마케팅 | 김철영, 양윤모
제 작 | 현대순
총 무 | 전민정, 안서현, 최여진, 강아담
관 리 | 김훈희, 이국희, 김승훈

발행처 | 동양북스
등 록 | 제 2-4410호(2006년 2월 22일)
주 소 | 서울시 마포구 동교로 22길 12(04030)
전 화 | 02-337-1737
팩 스 | 02-334-6624

http://www.dongyangbooks.com
http://www.dongyangTV.com

ISBN 978-89-8300-942-5 13740

▶ 본 책은 저작권법에 의해 보호를 받는 저작물이므로 무단 전재와 복제를 금합니다.
▶ 잘못된 책은 구입처에서 교환해 드립니다.

NEW 후다닥 여행영어

ENGLISH
Speed Speaking

머리말

New 후다닥 **여행 영어**

생각만 해도 설레는 해외여행!
여권준비, 비행기 예약, 숙소 예약, 드디어 출국!
여행을 앞두고 이것저것 다 준비한 것 같은데, 무언가가 허전하다면,
바로 중요한 언어문제일 것입니다.
이왕 떠나는 신나는 여행인데, 언어에 대한 아무런 준비도 없이 허술히 떠난다면 얼마나 아쉽겠습니까?
자, 그럼 큰맘 먹고 가는 즐거운 여행,
회화책 한 권은 들고 여행을 떠나야겠죠?
이 책은 바로 자신 있게 여행길에 오르고 싶은 분들을 위해 기획된 책입니다.
해외여행 기본상식과, 여행 준비자료 등과 함께 여행지에서 바로 쓸 수 있도록 실용적인 회화문 위주로 담아 놓았습니다. 그림으로 쉽게 찾아 볼 수 있도록 출국에서, 기내에서, 공항에서, 호텔에서, 쇼핑 등에서 각 장소별로 주로 쓰이는 회화 중심으로 실려 있기 때문에, 꼭 필요한 영어표현은 쉽게 구사할 수 있을 것입니다.

해외로 떠나는 신나는 여행
이젠 「후다닥 여행 영어」와 함께 떠나세요.
여행길에 든든한 친구가 되어줄 것입니다.

이 책의 활용법

각 Chapter별 Tip

알아두면 유용한 해외여행 Know-how를 제시합니다. 여행 짐싸기부터 귀국 준비까지 여러분의 여행을 한층 업그레이드시켜 줄 상세한 팁들로 여행준비를 도와드립니다.

단어

해당 주제 아래 다시 작은 주제별로 필요한 단어들을 모았습니다. 알짜 표현에 맞게 다양한 그림들을 함께 묶어 갑작스럽게 단어를 구사해야 하는 상황에서 실용적으로 사용할 수 있습니다.

New 후다닥 **여행 영어**

표현

어떤 상황에서라도 꼭 필요한 문장을 쉽게 찾아볼 수 있도록 편리하게 chapter별로 인덱스를 해 놓았습니다. 상황에 따라 찾아보면서 필요한 표현들을 익혀보세요.

mp3 다운로드

책 속의 모든 표현에 대해 한글과 영어 모두를 현지인의 음성으로 녹음하였습니다. mp3 파일은 동양북스(http://www.dongyangbooks.com)에서 내려 받으실 수 있습니다.

차례

머리글 05
이 책의 구성과 특징..................... 06

PART 01
그림으로 보여주는 알짜 단어

기내에서 14
입국심사대에서 15
숙소에서 16
거리에서
   건물 18
   위치 20
식당에서
   음식 21
   음료수 23
   술/안주 24
   조미료 25
   식기 26

쇼핑에서
   전자제품 27
   잡화/일용품 28
   의류 30
   쇼핑에 필요한 기본 형용사 ... 32
병원·약국에서
   약 34
   병명 35
시간·날짜..................................... 36
주일·계절..................................... 37
월 38
색깔 39
숫자 40
가격 41

PART 02
꼭 필요한 것만 모은 알짜 표현

CHAPTER 1 기본표현 45

1. 인사하기 46
2. 소개하기 48
3. 상대방에게 질문하기 (1) 50
4. 상대방에게 질문하기 (2) 52
5. 상대방의 질문에 대답하기 54
6. 충고 및 제안하기 56
7. 감사 및 사과하기 58
8. 부탁하기 60
9. 초대 및 방문하기 62
- Tip. 해외여행 준비 64

CHAPTER 2 기내 65

1. 좌석 찾기 66
2. 음료 서비스 받기 68
3. 식사 서비스 받기 70
4. 기타 서비스 요청하기 72
5. 간단한 의료 서비스 받기 74
- Tip. 출국 절차 76

CHAPTER 3 공항 77

1. 비자 신청 및 인터뷰하기 78
2. 비행기 갈아타기 80
3. 입국 심사 받기 82
4. 짐 찾기 84
5. 세관 검사 받기 86
6. 환전 서비스 이용하기 88
7. 여행자 안내소에 문의하기 90
8. 입국 신고서 작성하기 92
- Tip. 도착지 입국 절차 94

CHAPTER 4 호텔 95

1. 체크인(예약을 안 한 경우) 96
2. 체크인(예약을 한 경우) 98
3. 룸서비스 이용하기 100
4. 보관함 이용하기 102
5. 기타 서비스 요청하기 104
6. 문제 해결하기 106
7. 체크아웃하기 108
- Tip. 호텔 이용하기 110

차례

CHAPTER 5 식당   111
1. 예약하기 112
2. 테이블 안내 받기............ 114
3. 일반적인 주문하기(1).......... 116
4. 일반적인 주문하기(2).......... 118
5. 일반적인 주문하기(3) 120
6. 디저트 주문하기 122
7. 패스트푸드 주문하기 124
8. 술집에서 주문하기 126
9. 문제 해결하기 128
10. 계산하기 130

Tip. 식당 이용하기 132

CHAPTER 6 교통   133
1. 버스 이용하기 134
2. 택시 이용하기 136
3. 지하철 이용하기 138
4. 열차 이용하기 140
5. 렌터카 이용하기 142
6. 자동차 정비하기 144

Tip. 교통수단 이용하기............. 146

CHAPTER 7 관광   147
1. 관광 안내소에 문의하기....... 148
2. 버스 투어하기 150
3. 관람 및 관전하기 152
4. 티켓 구입하기 154
5. 카지노 이용하기 156
6. 사진 촬영 및 현상하기........ 158
7. 길 안내 받기(1) 160
8. 길 안내 받기(2) 162

Tip. 관광하기 164

CHAPTER 8 쇼핑   165
1. 쇼핑 관련 질문하기............ 166
2. 물건 고르기(1) 168
3. 물건 고르기(2) 170
4. 포장 요청하기 172
5. 면세점 이용하기 174
6. 교환 및 환불하기 176
7. 계산하기 178

Tip. 쇼핑하기 180

CHAPTER 9 공공시설　181

1. 시내 전화하기 182
2. 국제 전화하기 184
3. 우체국 이용하기(1) 186
4. 우체국 이용하기(2) 188
5. 은행 이용하기 190

Tip. 공공시설 이용하기 192

CHAPTER 10 긴급상황　193

1. 분실 및 도난 사고 194
2. 교통사고 196
3. 건강 이상(1) 198
4. 건강 이상(2) 200
5. 건강 이상(3) 202

Tip. 여행 중 긴급상황 대처하기 ... 204

CHAPTER 11 귀국　205

1. 항공권 예약하기 206
2. 항공권 예약 변경하기 208
3. 항공권 예약 확인하기 210
4. 항공사 카운터 체크인하기 212
5. 결항 및 비행기를 놓쳤을 때　214

Tip. 귀국 절차 216

PART 01

그림으로 보여주는 알짜 단어

기내에서 | 입국심사대에서 | 숙소에서 | 거리에서 (건물 | 위치)
식당에서 (음식 | 음료수 | 술/안주 | 조미료 | 식기) 쇼핑에서
(전자제품 | 잡화/일용품 | 의류 | 쇼핑에 필요한 기본 형용사)
병원·약국에서 (약 | 병명) 시간·날짜 | 주일·계절 | 월
색깔 | 숫자 | 가격

기내에서

　　　　　　　　　주세요.
Can I get (a/an/the) 　　　　　?

물
water
워러

주스
juice
주스

맥주
beer
비어

와인
wine
와인

휴지
tissue
티슈

신문
newspaper
뉴스페이퍼

May I help you?

입국 심사대에서

입국 목적은 _____ 입니다.
I'm here _____.

관광
(for) sightseeing
싸잇씽

비즈니스
(on) business
비지니스

공부
(to) study
스터디

유학
(for) studying abroad
스터딩어브로우드

친구
(to visit my) friend
프랜드

친척
(to visit my) relative
릴러티브

숙소에서

_____ 이 어디에 있어요?

Where is (the) _____ ?

텔레비전
television
텔레비전

인터넷
internet
인터넷

전화
telephone
텔레폰

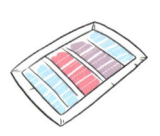
이불
bedclothes
베드클로즈

스탠드
lamp
램프

두루마리 화장지
toilet paper
토일렛 페이퍼

열쇠
key
키

베개
pillow
필로우

수건
towel
타월

이 어디에 있어요?
Where is (the) ?

비누
soap
소프

샴푸
shampoo
샴푸

치약
toothpaste
투쓰페이스트

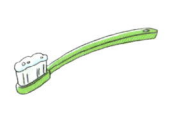

칫솔
toothbrush
투쓰브러쉬

식당–호텔 로비에 있는 식당
restaurant
레스트런트

화장실
rest room
레스트룸

거리에서 / 건물

_____ 이 어디에 있어요?
Where is (a/an/the) _____ ?

역-지하철 역
subway station
써브웨이 스테이션

버스정류장
bus stop
버스 스탑

백화점
department store
디파알트먼트 스토어

서점
bookstore
북스토어

화장실
toilet
토일렛

레스토랑
restaurant
레스트런트

패스트푸드점
fast food restaurant
패스트푸드 레스트런트

술집
bar
바

편의점
convenience store
컨비니언스 스토어

18 후다닥 여행 영어 · Part 1

이 근처에   이 있나요?
Is there (a/an/the)   near here?

은행
bank
뱅크

우체국
post office
포스트 오피스

병원
hospital
하스피틀

파출소
branch office
브랜치 오피스

커피숍
coffee shop
커피샵

약국
pharmacy
파머시

거리에서 · 위치

호텔이 어디에 있어요?
Where is the hotel?

동쪽
east
이스트

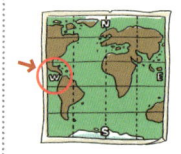
서쪽
west
웨스트

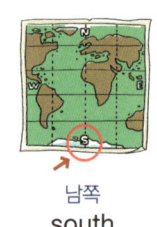
남쪽
south
싸우쓰

북쪽
north
노쓰

앞/뒤
front/behind
프론트/비하인드

왼쪽/오른쪽
left/right
레프트/라이트

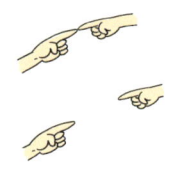
가깝다/멀다
close/far
클로우즈/파

이쪽/그쪽/저쪽
this side/that way/there
디스사이드/댓웨이/데얼

I lost my way.

식당에서 음식

로 주세요.
I'd like (a/an)   .

햄버거
hamburger
햄버거

스테이크
steak
스테익

과일
fruit
프룻

빵
bread
브렛

케익
cake
케익

푸딩
pudding
푸딩

아이스크림
icecream
아이스크림

카레라이스
curried rice
커리드 라이스

가재요리
lobster
랍스터

식당에서

음식

_____ 로 주세요.
I'd like (a/an) _____.

새우요리
shrimp
슈림프

연어요리
salmon
쌔먼

튀긴 생선요리
fried fish
프라이드피쉬

해산물요리
seafood
씨푿드

수프
soup
숩

고기
meat
밋

쇠고기
beef
빞

닭고기
chicken
치킨

양고기
mutton
머튼

돼지고기
pork
폭

칠면조고기
turkey
터어키

음료수

I'd like (a/an) 로 주세요.

커피
coffee
커피

코코아
cocoa
코코아

주스
juice
주스

콜라
coke
콕크

우유
milk
밀크

두유
soybean milk
소이빈 밀

찬/따뜻한
ice/hot
아이스/핫

I'd like a beef steak.

식당에서 술/안주

로 주세요.
I'd like (a/an) _____.

생맥주
draft beer
드래프트 비어

병맥주
bottled beer
바틀드 비어

위스키
whisky
위스키

와인
wine
와인

조미료

로 주세요.
I'd like   .

간장
soy sauce
쏘이쏘스

겨자
mustard
머스턴

마늘
garlic
갈릭

소금
salt
쎨트

고추
red pepper
레드페퍼

소스
dressing
드레씽

설탕
sugar
슈거

후추
pepper
페퍼

식초
vinegar
비니거

와사비
wasabi
와사비

참기름
sesam oil
쌔써미 오일

된장
soybean paste
쏘이빈 페이스트

식당에서 — 식기

_____ 로 주세요.
I'd like (a/an) _____.

숟가락
spoon
스푼

젓가락
chopsticks
찹스틱스

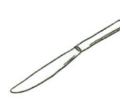
칼 (먹을 때 쓰는)
knife
나이프

유리컵
glass
글래스

포크
fork
포크

접시
plate
플레이트

밥그릇
rice bowl
라이스 보울

 쇼핑에서

전자제품

를 찾아요.
I'm looking for (a/an/the) .

데스크탑컴퓨터
desktop computer
데스크탑컴퓨터

노트북
laptop computer
랩탑 컴퓨터

핸드폰
cell phone
셀폰

MP3플레이어 아이팟
iPod
아이팟

디지털 카메라
digital camera
디지럴 캐머러

이어폰
earphone
이얼폰

영화DVD
movie DVD
무비디브이디

게임소프트DVD
DVD game
디브이디게임

쇼핑에서 — 잡화/일용품

_____ 있어요?
I'm looking for (a/an/the) _____.

시계
clock
클락

안경
eyeglasses
아이글래스

선글라스
sunglasses
썬글래스

핸드폰 줄
cell phone strap
쎌폰 스트렙

지갑
purse
퍼얼스

반지
ring
링

목걸이
necklace
넥클레스

팔찌
bracelet
브레이슬릿

귀걸이
earing
이어링

> 있어요?
> I'm looking for (a/an/the) _____.

담배
cigarette
씨거렛

라이터
lighter
라이터

우산
umbrella
엄브렐러

화장품
cosmetic
커즈메틱

가방
bag
백

현금
cash
캐쉬

카드
card
카알드

I'll pay in cash.

쇼핑에서 — 의류

있어요?
I'm looking for (a/an/the) _____.

셔츠
shirt
셔얼트

티셔츠
T-shirt
티 셔얼트

와이셔츠
dress shirt
드레스 셔얼트

블라우스
blouse
블라우스

스웨터
sweater
스웨러

양복
suit
수트

원피스
one piece dress
원피스 드레스

넥타이
necktie
넥타이

양말
socks
삭스

있어요?
I'm looking for (a/an/the)   .

코트
coat
코우트

바지
pants
팬츠

청바지
blue jeans
블루 진즈

스커트
skirt
스커얼트

구두
shoes
슈즈

운동화
running shoes
러닝 슈즈

모자
hat
햇

쇼핑에서

쇼핑에 필요한 기본 형용사

_____ 해요.
It's _____.

비싸다
expensive
익스펜시브

싸다
cheap
칩

크다
big
빅

작다
small
스몰

가볍다
light
라잇

무겁다
heavy
헤비

해요.

It's _____.

짧다
short
쇼울트

길다
long
롱

새롭다
new
뉴

낡았다
old
오울드

많다
many
매니

적다
little
리를

병원, 약국에서 약

있어요?
Do you have (a/an) ?

소독약
disinfectant
디스인펙턴트

감기약
cold medicine
코울드 메디신

해열진통제
fever remedy
피버 레머디

소화제
peptic
펩틱

변비약
stool softener pill
스툴 소프트너 필

멀미약
medicine for nausea
메디신 포 너지아

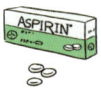
아스피린
aspirin
애스퍼린

연고
salve
샐브

병명

예요.
I have (a/an) _____.

감기
cold
콜드

식중독
food poisoning
푸드포이스닝

두통
headache
헤데익

복통(위통)
stomachache
스터믹에익

치통
toothache
투스에익

변비
constipation
컨스터패이션

생리통
period pain
피어리어드 페인

멀미
nausea
너지아

시간 날짜

몇 시예요? _____ 예요.

What time is it? It is _____.

시간		
시간	time	타임
한 시간	one hour	원 아우어
두 시간	two hours	투 아우어스
분	minute	미닛트
초	second	세컨드
오전	a.m.	에이엠
오후	p.m.	피엠
10초	ten seconds	텐 세컨스
5분	five minutes	파이브 미닛스
10분	ten minutes	텐 미닛스
30분	half an hour	해프 인 아우어

날짜		
일, 하루	day	데이
오전	morning	모닝
오후	afternoon	애프터누운
저녁	evening	이브닝
밤	night	나잇트
정오	noon	누운
오늘	today	투데이
어제	yesterday	예스터데이
내일	tomorrow	트말로우
오늘 아침	this moning	디스 모닝
오늘 저녁	this evening	디스 이브닝
오늘 밤	tonight	투나잇

무슨 요일이에요?
What day is today?

주일		
주	week	위크
일요일	Sunday	썬데이
월요일	Monday	먼데이
화요일	Tuesday	투스데이
수요일	Wednesday	웬스데이
목요일	Thursday	떨스데이
금요일	Friday	프라이데이
토요일	Saturday	쎄러데이
공휴일	holidays	할러데이
요일	day	데이
이번 주	this week	디스윅
다음 주	next week	넥슷트윅
지난 주	last week	래슷트윅

계절		
봄	spring	스프링
여름	summer	써머
가을	fall/autumn	펄 / 어튬
겨울	winter	윈터

몇 월달이에요?
What month is it?

월		
달(月)	month	먼스
1월	January	재뉴애리
2월	February	패뷰래리
3월	March	마아취
4월	April	애이프럴
5월	May	메이
6월	June	주운
7월	July	줄라이
8월	August	오거스트
9월	September	셉템버
10월	October	악토우버
11월	November	노우벰버
12월	December	디쎔버
이번 달	this month	디스먼스
다음 달	next month	넥숫먼스
지난 달	last month	라슷먼스

구두를 찾아요.
I'm looking for _____ shoes.

색깔		
■ 갈색	brown	브라운
■ 검은색	black	블랙
■ 노란색	yellow	옐로
■ 녹색	green	그린
■ 보라색	violet	바이어릿
■ 분홍색	pink	핑크
■ 빨간색	red	레드
■ 오렌지색	orange	오린지
■ 푸른색	blue	블루
■ 회색	gray	그레이
흰색	white	와이트

숫자

몇 개예요?

How many?

숫자 (Number)		
0	zero	지로
1	one	원
2	two	투
3	three	쓰리
4	four	포
5	five	파입
6	six	씩스
7	seven	쎄븐
8	eight	에잇
9	nine	나인
10	ten	텐
11	eleven	일레빈
12	twelve	투웰브
13	thirteen	써틴
14	fourteen	포틴
15	fifteen	핍틴
16	sixteen	씩스틴
17	seventeen	세븐틴
18	eighteen	에잇틴
19	nineteen	나인틴
20	twenty	투웬티

가격

값이 얼마예요?
How much?

30	thirty	써티
40	forty	포티
50	fifty	핍티
60	sixty	씩스티
70	seventy	쎄빈티
80	eighty	에잇티
90	ninety	나인티
100	hundred	헌드렛
1,000	thousand	싸우전
10,000	ten thousand	텐싸우전
100,000	hundred thousand	헌드렛싸우전
1,000,000	million	밀리언
1/2	a half	어 해프
1/3	one third	원 써드
1/4	a quarter	어 쿼러
2배	twice	투와이스
3배	triple	트리플
한 번	once	원쓰
두 번	twice	투와이스
세 번	three times	쓰리타임스
1다스	one dozen	원 더즌
2다스	two dozen	투 더즌

PART 02

꼭 필요한 것만 모은 알짜 표현

- ★ CHAPTER 1　　기본표현
- ★ CHAPTER 2　　기내
- ★ CHAPTER 3　　공항
- ★ CHAPTER 4　　호텔
- ★ CHAPTER 5　　식당
- ★ CHAPTER 6　　교통
- ★ CHAPTER 7　　관광
- ★ CHAPTER 8　　쇼핑
- ★ CHAPTER 9　　공공시설
- ★ CHAPTER 10　긴급상황
- ★ CHAPTER 11　귀국

Chapter 01 기본표현

1 인사하기
2 소개하기
3 상대방에게 질문하기 (1)
4 상대방에게 질문하기 (2)
5 상대방의 질문에 대답하기
6 충고 및 제안하기
7 감사 및 사과하기
8 부탁하기
9 초대 및 방문하기
Tip. 해외여행 준비

Chapter 01 기본표현 인사하기

- 안녕하세요.(아침)

- 처음 뵙겠습니다.

- 어떻게 지내세요?

- 저는 잘 지냅니다.

- 만나서 반갑습니다.

- 안녕히 가세요.

- 또 만나요.

- 즐거운 하루 되세요.

- 행운을 빕니다.

Good morning.
굿 모닝

How do you do?
하우 두 유 두

How are you?
하우 아 유

I'm fine, thank you.
아임 파인. 땡큐

Nice to meet you.
나이스 투 밋츄

Good bye.
굿 바이

See you again.
씨 유 어게인

Have a nice day.
해버 나이스 데이

Good luck!
굿 럭

Chapter 01 기본표현 소개하기

- 성함이 어떻게 되십니까?

- 제 이름은 김한동입니다.

- 제 소개를 하겠습니다.

- 팀을 소개하겠습니다.

- 이 분은 팀입니다.

- 어디에서 오셨습니까?

- 저는 한국 서울에서 왔습니다.

- 제 명함입니다.

- 좋은 친구가 되었으면 합니다.

What's your name?
왓스 유어 네임

My name is Han-dong Kim.
마이 내임 이스 한 동 김

Please let me introduce myself.
플리즈 렛 미 인트러듀스 마이셀프

I'd like to introduce Tim.
아잇 라익 투 인트러듀스 팀

This is Tim.
디스 이스 팀

> That
> 댓
> 저 사람
> He / She
> 히/쉬
> 그/그녀

Where are you from?
웨어 아 유 프럼

I'm from Seoul Korea.
아임 프럼 서울 코리아

This is my business card.
디스 이스 마이 비즈니스 카아드

I hope we'll make good friends.
아이 홉 위일 메이크 굿 프렌즈

Chapter 01 기본표현 상대방에게 질문하기 (1)

- 언제 시작합니까?

- 언제 떠나십니까?

- 어디에 사세요?

- 화장실은 어디에 있습니까?

- 여기가 어디입니까?

- 몇 시입니까?

- 무슨 일을 하십니까?

- 오늘이 며칠입니까?

- 오늘 날씨가 어떻습니까?

When do you start?
웬 두 유 스탓

When are you leaving?
웬 아 유 리빙

Where do you live?
웨어 두 유 리브

Where is the restroom?
웨어 이스 더 레스트 룸

> train station
> 트래인스태이션
> 기차역
>
> gas station
> 갯스태이션
> 주유소

Where am I?
웨어 엠 아이

What time is it?
왓 타임 이짓

What do you do?
왓 두 유 두

What's the date today?
왓스 더 데잇 투데이

How's the weather today?
하우스 더 웨더 투데이

Chapter 01 기본표현 — 상대방에게 질문하기 (2)

- 몇 분이십니까?

- 이 단어는 어떻게 발음합니까?

- 왜 늦었어요?

- 왜 그렇게 생각합니까?

- 누구세요? (전화)

- 어느 버스가 시내로 갑니까?

- 어느 것을 원하십니까?

- 만져 봐도 될까요?

- 이 근처에 화장실이 있습니까?

For how many?
포 하우 매니

How do you pronounce this word?
하우 두 유 프러나운스 디스 워드

What took you so long?
왓 트큐 쏘우 롱

Why do you think so?
와이 두 유 띵 쏘우

Who's calling?
후스 컬링

Which bus goes to downtown?
위치 버스 고우스 투 다운타운

Which would you like?
위치 우쥬 라익

May I touch this?
메이 아이 터치 디스

Is there a restroom near here?
이스 데어러 레슷룸 니어 히얼

Chapter 01 기본표현
상대방의 질문에 대답하기

- 예. / 아니오.

- 좋은 생각입니다.

- 알겠습니다.

- 저도 그렇게 생각합니다.

- 맞습니다.

- 아니오, 괜찮습니다.

- 모르겠습니다.

- 정말입니까?

- 다시 한 번 말씀해 주시겠어요?

Yes. / No.
예스 / 노우

That's a good idea.
댓스 어 굿 아이디어

I see.
아이 씨

I think so too.
아이 띵 쏘우 투

That's right.
댓스 라잇

No, thank you.
노우 땡큐

I don't know.
아이 돈 노우

Really?
리얼리

Pardon?
파든

Chapter 01 충고 및 제안하기
기본표현

- 갑시다.

- 각자 계산합시다.

- 같이 춤을 추어요.

- 그곳에 가지 않을래요?

- 쇼핑 어때요?

- 식사하러 가시겠어요?

- 박물관에 가는 것이 낫겠어요.

- 스테이크를 권해드리고 싶군요.

- 제가 같이 가겠습니다.

Let's go.
렛스 고우

Let's go dutch.
렛스 고우 더치

Let's dance.
렛스 댄스

Why don't we go there?
와이 돈위 고우 데어

How about going shopping?
하우 어바웃 고잉 샤핑

Will you go out for dinner?
윌 유 고우아웃 포 디너

You should go to the museum.
유슫 고우 투 더 뮤지엄

temple	cathedral	beach
템플	카티드럴	비취
사원	성당	해변

I suggest you try the steak.
아이 써제스츄 트라이 더 스테이크

I'll go with you.
아일 고우 위드 유

Chapter 01 기본표현 — 감사 및 사과하기

- 고맙습니다.

- 친절히 대해 주셔서 감사합니다.

- 오히려 제 기쁨입니다.

- 실례합니다.

- 괜찮습니다.

- 죄송합니다.

- 신경 쓰지 마세요.

- 제가 실수를 했습니다.

- 고의로 그런 것은 아닙니다.

Thank you.
땡큐

Thank you for your kindness.
땡큐 포 유어 카인드내스

It's my pleasure.
잇스 마이 플레셔

Excuse me.
익스큐스 미

You're welcome.
유어 웰컴

I'm sorry.
아임 쏘리

Don't worry about it.
돈 워리 어바웃잇

I made a mistake.
아이 메이더 미스테익

I didn't do it on purpose.
아이 디든 두 이런 플포스

Chapter 01 기본표현 부탁하기

- 예약을 하고 싶습니다.

- 동물원에 가고 싶습니다.

- 테니스를 하고 싶어요.

- 이것으로 주세요.

- 부탁 좀 해도 될까요?

- 여기서 담배를 피워도 됩니까?

- 어떻게 하면 그곳에 갈 수 있지요?

- 들어가도 됩니까?

- 제게 편지해 주세요.

I'd like to make a reservation.
아잇 라익 투 메익커 레저베이션

I'd like to go to the zoo.
아잇 라익 투 고우 투 더 주우

I want to play tennis.
아이 원 투 플레이 테니스

I'd like this one, please.
아잇 라익 디스 원 플리즈

Would you do me a favor?
우쥬 두 미 어 페이버

Would you mind if I smoke here?
우쥬 마인드 이프 아이 스목키얼

Can you tell me how to get there?
캔 유 텔 미 하우 투 겟 데어

May I come in?
메 아이 컴 인

Please write me a letter.
플리즈 라잇미어 레러

Chapter 01 기본표현 — 초대 및 방문하기

- 초대해 주셔서 감사합니다.

- 물론 가고말고요.

- 다른 약속이 있습니다.

- 코트 이리 주세요.

- 파티에 초대하고 싶습니다.

- 건배합시다.

- 충분합니다.

- 편히 쉬세요.

- 마음껏 드세요.

Thank you for the invitation.
땡큐 포 디 인비테이션

Sure.
슈어

I have another appointment.
아이 해버나더 어포인먼트

Let me take your coat.
렛 미 테이큐어 코트

I'd like to invite you to my party.
아잇 라익 투 인바이츄 투 마이 파티

Cheers!
치어스

It's enough.
잇스 이너프

Make yourself at home, please.
메이큐어셀프 에톰 플리즈

Please help yourself.
플리즈 헬퓨어셀프

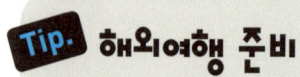

Tip. 해외여행 준비

해외여행을 하려면 꼭 준비해야 하는 것들이 있다.
여권 만들기 → 비자 취득 → 여행정보 수집 → 국제 운전면허증 등 증명서 만들기 →
출국 교통편 결정 → 숙박 예약 → 환전 및 짐 꾸리기 등.

여권 (Passport)
해외에서는 여권이 신분증이다. 해외여행을 할 때 돈보다도 중요한 것이 바로 이 여권이다.

비자 (VISA)
방문하고자 하는 나라로부터 입국을 허가받는 것이 바로 비자다. 우리나라와 무비자 협정을 맺은 나라라면 비자 없이 여권만 가지고도 일정 기간 동안 방문할 수 있다.

항공권
항공권은 왕복오픈티켓을 구입하는 것이 좋다. 왕복할인이 적용될 뿐 아니라, 보통 유효기간이 1년 이내이므로 언제든지 자신의 계획에 맞추어 여행할 수 있다.

현금
현금은 안전성에 문제가 있고 다른 통화와 환전할 때 환율상 다소 불리한 점이 있긴 하지만, 조금쯤은 준비할 필요가 있다.

여행자수표 (T/C: Traveler's Check)
여행자를 위한 수표로, 어디서나 환전이 가능하며 호텔이나 면세점에서 현금처럼 사용할 수 있다. 여행자수표를 잃어버렸을 때는 소정의 수속을 밟으면 찾을 수 있다.

신용카드
신용카드는 언제 어디서나 현금처럼 사용할 수 있기 때문에, 해외여행자들에게는 꼭 필요한 준비물이다. 카드는 국제적으로 통용되는 것으로 준비하자.

여행자보험 (Traveler's Insurance)
갑작스럽게 일어날 수 있는 사고에 대비한 보험으로, 보험료도 저렴하고 가입절차도 간편하다.

국제 운전면허증 (International Driver's Permit)
해외에서 렌트카를 이용할 때 등, 여러 경우에 신분증으로 대용할 수 있다. 유효기간은 1년이며 장기 체류자는 현지에서 면허를 취득해야 한다.

팁에 관하여
서비스를 받으면 감사의 표시로 주는 것이 팁이다. 외국의 경우는 팁 문화가 일상생활화되어 있다.

Chapter 02
기내

1 좌석 찾기
2 음료 서비스 받기
3 식사 서비스 받기
4 기타 서비스 요청하기
5 간단한 의료 서비스 받기
Tip. 출국 절차

Chapter 02 기내 — 좌석 찾기

- 자리를 찾고 있습니다.

- 손님 좌석은 앞쪽입니다.

- 좀 지나가겠습니다.

- 일등석이 어디인가요?

- 가방 좀 올려 주시겠어요?

- 자리를 바꿔도 될까요?

- 의자를 뒤로 젖혀도 될까요?

- 안전벨트를 매 주십시오.

- 이 안전벨트는 어떻게 매나요?

I'm looking for my seat.
아임 루킹 포 마이 씻

Your seat is in the front.
유어 씨티즈 언 더 프런트

- back 백
- 뒷쪽
- emergency exit row 이머잰씨 액짓로
- 비상구쪽

May I pass?
메이아이 패스

Where is first class?
웨어리스 퍼스트 클래스

Can you help me with my bag?
캔유 핼프미 윗 마이 백

May I change my seat?
메이 아이 체인지 마이씻

May I put my seat back?
메이 아이 풋 마이 씻백

Please fasten your seat belt.
플리즈 패슨 유어 씻벨트

Please show me how to fasten this belt.
플리즈 쇼미 하우투 패슨 디스벨트

Chapter 02 기내 — 음료 서비스 받기

- 음료수를 드시겠습니까?

- 어떤 음료수가 있습니까?

- 커피, 홍차, 오렌지 주스가 있습니다.

- 커피 주세요.

- 커피는 어떻게 해 드릴까요?

- 녹차 있습니까?

- 한 잔 더 주시겠어요?

- 우유를 좀 더 드릴까요?

- 맥주 한 캔 주세요.

Would you like something to drink?
우쥬 라익 썸띵 투 드링크

What do you have?
왓 두 유 햅

We have coffee, tea and orange juice.
위 햅 커피 티 앤 오린지쥬스

Coffee, please.
커피 플리즈

How would you like your coffee?
하우 우쥬 라익 유어 커피

Do you have green tea?
두유 햅 그린 티

Can I have another one?
캐나이 햅 어너더원

Would you like some more milk?
우쥬 라익 썸 모어 밀크

A can of beer, please.
어 캔 업 비어 플리즈

Chapter 02 기내 — 식사 서비스 받기

- 아침식사를 하시겠습니까?

- 오믈렛으로 주세요.

- 지금은 먹고 싶지 않습니다.

- 특별한 기내식 시켰습니다.

- 나중에 먹어도 될까요?

- 지금 식사해도 될까요?

- 식사 다 하셨습니까?

- 예, 잘 먹었습니다.

- 포크가 없습니다.

Would you like breakfast?
우쥬 라익 브렉퍼스트

I'll have the omelet, please.
아일 햅 디옴랫 플리즈

I don't feel like eating now.
아이 돈 필라익 이링나우

I ordered a special meal.
아이 오더더 스패셜미일

May I have it later?
메이 아이 해빗 레이러

Can I have my meal now?
캐나이 햅 마이밀 나우

Have you finished?
해뷰 피니쉬드

Yes, I enjoyed it.
예스 아이 인조이딧

I don't have a fork.
아이 돈 해버 포크

Chapter 02 기내 — 기타 서비스 요청하기

- 담요 한 장 주시겠습니까?

- 예, 잠시만 기다려 주십시오.

- 뭐 좀 물어봐도 될까요?

- 읽을 것 좀 주시겠습니까?

- 언제쯤 도착합니까?

- 비행시간이 얼마나 됩니까?

- 이것은 유료입니까?

- 에어콘은 어떻게 조절하나요?

- 이어폰이 고장 났습니다.

May I have a blanket?
메이 아이 해버 블랭킷

> snack
> 스낵
> 간식
> headset
> 헷셋
> 이어폰

Sure. Just a moment, please.
슈어. 져스터 모오먼 플리즈

May I ask something?
메이 아이 애슷썸띵

Can I have something to read?
캐나이 햅 썸띵 투릿

When will we arrive?
웬 윌 위 어라이브

How long is the flight?
하우 롱 이스 더프라잇

Is there any charge for this?
이스 데어 애니 챠아지 포 디스

How do I adjust the air-conditioner?
하우 두아이 어드져슷 디 에어 컨디셔너

This headset is broken.
디스 헷셋 이스브로킨

Chapter 02 기내 — 간단한 의료 서비스 받기

- 몸이 좀 불편합니다.

- 배가 아파요.

- 멀미가 납니다.

- 열이 나요.

- 숨쉬기가 곤란해요.

- 약을 가져다 드릴까요?

- 약 좀 주세요.

- 약 먹을 물 좀 주세요.

- 위생봉투 있나요?

I feel sick.
아이 필 씩

I have a stomachache.
아이 해버 스토먹에익

I feel airsick.
아이 필 에어씩

> hot
> 핫
> 더운
> cold
> 콜드
> 추운

I have a fever.
아이 해버 피버

I have trouble breathing.
아이 햅 트러블 브리딩

Do you need medicine?
두 유 니드 메디슨

Please, give me some medicine.
플리즈 깁미 썸 메디슨

I need water for my medicine, please.
아이닛 워러 포 마이 메디슨 플리즈

Do you have an airsickness bag?
두 유 해번 에어씨크니스백

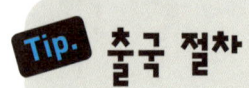
Tip. 출국 절차

비행기를 이용할 때는 출발 2시간 전까지, 배편은 출발 3시간 전까지 도착하여 탑승 절차를 밟아야 한다.

공항에서의 출국 순서

탑승 수록 ⇒ 보안 검사 ⇒ 세관 신고 ⇒ 출국 심사 ⇒ 탑승 대기

공항에 도착하여 그곳 은행에서 공항이용권을 구입하고, 출국신고서 등 기타 필요한 준비물을 준비해 두면 편리하다.

기내에서 도착까지

기내에 오르면 탑승권에 적힌 지정좌석을 찾는다. 휴대한 짐은 좌석 위 선반이나 아래 공간에 넣으면 된다.
기내에서는 안전벨트를 착용하고, 벨트 착용 표시등이 꺼질 때까지 풀지 말아야 한다. 벨트 착용 표시등이 꺼졌을 때는 벨트를 풀 수 있으며 자리 이동도 가능하다.

환승시 주의할 점

환승은 비행기를 갈아타거나 급유로 인하여 비행기가 기착할 때 이루어지는데, 이때 환승전 대기는 기내에서 대기하는 경우와 공항빌딩으로 나가 대기하는 경우의 두 가지가 있다.
공항 빌딩으로 나가게 될 경우 도착지 공항에 내리는 사람과 동시에 나가게 되는데, 간혹 앞사람만 따라가다 보면 공항 밖으로 나갈 수 있으므로 조심해야 한다.
짐은 최종 목적지까지 직접 운송되므로 환승시에는 신경 쓰지 않아도 된다.

Chapter 03
공항

1 비자 신청 및 인터뷰하기
2 비행기 갈아타기
3 입국 심사 받기
4 짐 찾기
5 세관 검사 받기
6 환전 서비스 이용하기
7 여행자 안내소에 문의하기
8 입국 신고서 작성하기
Tip. 도착지 입국 절차

Chapter 03 공항
비자 신청 및 인터뷰하기

- 방문 목적이 무엇입니까?

- 여행 목적은 비즈니스입니다.

- 영국에 가 본 적이 있습니까?

- 얼마동안 머무르실 계획입니까?

- 혼자 여행하실 겁니까?

- 누가 당신을 영국으로 초대했습니까?

- 누구와 함께 체류하실 겁니까?

- 어디서 체류하실 예정입니까?

- 이 양식을 작성해서 사진과 함께 제출해 주십시오.

What's the purpose of your visit?
왓츠 더 퍼포스 오브 유어 비짓?

The reason for the trip is business.
더 리즌 포 더 트립 이즈 비지니스.

Have you ever been to the England?
해뷰 에버 빈 투 디 잉글랜드?

How long will you stay?
하우 롱 윌 유 스태이?

Are you going to travel alone?
아 유 고잉 투 트래블 얼론?

Who invited you to the England?
후 인바이티드 유 투 디 잉글랜드?

Who are you going to stay with?
후 아 유 고잉 투 스태이 위드?

Where are you staying?
웨어 아 유 스태잉?

Please fill out this form and hand it in with a photo.
플리즈 필 아웃 디스 폼 앤드 핸 잇 인 워드 어 포토.

Chapter 03 공항 — 비행기 갈아타기

- 저는 여기서 갈아타야 합니다.

- 이 비행기를 타야 합니다.

- 갈아타는 곳이 어디입니까?

- 몇 번 출구로 가야 하나요?

- 탑승은 몇 시부터입니까?

I have to transfer here.
아이 햅투 트랜스퍼 히어

I have to take this flight.
아이 햅투 테익 디스플라잇

Where's the transit counter?
웨어스 더 트랜짓카운터

Which gate should I go to?
위치게잇 슈다이 고우 투

What time is boarding?
왓타임 이스 보딩

Chapter 03 공항 — 입국 심사 받기

- 여권을 보여 주십시오.

- 여기 있습니다.

- 방문 목적이 무엇입니까?

- 관광입니다.

- 여기에서 얼마나 머무르실 겁니까?

- 10일이요.

- 어디에서 머무르실 예정입니까?

- 라마다 호텔이요.

- 아직 정하지 못했습니다.

Your passport, please.
유어 패스폿 플리즈

Here you are.
히어 유 아

What's the purpose of your visit?
왓스 더 퍼포서브 유어비짓

Sightseeing.
싸잇씨잉

- Visiting family
  비시링 패밀리
  가족들 보러간다
- Visiting friends
  비시링 프랜스
  친구를 보러간다

How long are you staying here?
하우 롱 아 유 스테잉 히어

10 days.
텐 데이스

Where are you staying?
웨어 아 유 스테잉

At the Ramada Hotel.
엣 더 라마다 호텔

I haven't decided yet.
아이 해븐 디사이딧 옛

Chapter 03 공항 — 짐 찾기

- 짐은 어디에서 찾습니까?

- 어느 비행기로 오셨습니까?

- 노스웨스트 011기로 왔습니다.

- 짐을 잃어버렸습니다.

- 내 짐이 보이지 않습니다.

- 내 짐이 아직 나오지 않았어요.

- 수하물 보관표를 보여 주시겠어요?

- 가방이 망가졌어요.

- 수하물부에 신고하세요.

Where can I get my baggage?
웨어 캐나이 겟 마이배기지

On what flight did you arrive?
언 왓플라잇 디쥬 어라이브

Northwest 011.
노스웨스트 지로원원

My baggage is missing.
마이배기지 이스 미씽

I cannot find my baggage.
아이 캔낫 파인 마이배기지

My baggage hasn't arrived.
마이배기지 해즌어라이브드

May I see your baggage claim tag?
메이 아이 씨 유어 배기지클래임택

My suitcase has been broken.
마이 쑤웃케이스 해즈빈 브로큰

Ask the Baggage Service.
에슷 더 배기지써비스

Chapter 03 공항 — 세관 검사 받기

- 세관신고서를 보여주십시오.

- 신고할 것이 있습니까?

- 없습니다.

- 짐은 이것이 전부입니까?

- 이 가방을 열어 주시겠습니까?

- 그러죠.

- 이것은 가족에게 줄 선물입니다.

- 그것은 제가 쓸 물건입니다.

- 저것은 가지고 갈 수 없습니다.

Customs declaration card, please.
커스텀즈 데클러래이션 카앗 플리즈

Do you have anything to declare?
두유 햅 애니띵 투 디클래어

No, nothing.
노우 너띵

Is this all you have?
이스 디스 올 유 햅

Would you open this bag?
우쥬 오쁜 디스백

Certainly.
썰튼리

These are gifts for my family.
디즈 아 기프스 포 마이패밀리

It's for my personal use.
잇스 포 마이 프스널유스

You're not allowed to bring that.
유어 낫 얼라웃 투 브링댓

Chapter 03 공항 — 환전 서비스 이용하기

- 은행이 어디에 있습니까?

- 이 수표를 현금으로 바꿔 주십시오.

- 이 돈을 미국달러로 바꿔 주세요.

- 어떻게 바꿔 드릴까요?

- 모두 10달러짜리로 주세요.

- 돈 여기 있습니다.

- 환율이 어떻게 됩니까?

- 여행자수표를 현금화하려고 하는데요.

- 알겠습니다. 사인해 주세요.

Where's the bank?
웨어스 더 뱅크

ATM 애이티엠 현금자동인출기
Money Exchange 머니익스체인지 환전

Cash this check please.
캐쉬 디스 첵 플리즈

Please change this to U.S dollars.
플리즈 채인지 디스 투 유에스달러즈

How would you like your money?
하우 우쥬 라익 유어머니

All in tens, please.
오린 텐즈 플리즈

large bills 라지빌스 고액지폐
hundreds 헌드랫스 100달러

Here's your money.
히어스 유어머니

What's the rate of exchange?
왓스 더 레이텁 익스채인지

I'd like to cash this traveller's check.
아잇 라익 투 캐쉬 디스 트레블러스 첵

O.K. Sign your name here, please.
오캐이 싸인 유어 네임 히어 플리즈

Chapter 03 공항 — 여행자 안내소에 문의하기

- 시내로 가는 버스를 타는 곳이 어디입니까?

- 택시를 타는 곳이 어디입니까?

- 지하철 노선도를 얻을 수 있습니까?

- 호텔 리스트 한 장 주세요.

- 값싼 호텔 한 군데 추천해 주시겠어요?

- 여기서 호텔을 예약할 수 있습니까?

- 예약 좀 해 주시겠습니까?

- 유스호스텔까지 어떻게 가면 되지요?

- 약도를 그려 주시겠어요?

Where can I take a bus to downtown?
웨어 캔아이 테이커 버스 투 다운타운

Where's the taxi stand?
웨어스 더 택시스탠드

May I have a subway map?
메이 아이 해버 서브웨이맵

May I have a list of hotels, please?
메이아이해버리스텁 호텔스, 플리즈

Can you recommend a cheap hotel?
캔 유 레코멘더 칩호텔

Can I reserve a hotel room, here?
캔아이 리접 어호텔룸 히어

Can you make a booking for me?
캔 유 메이커 부킹 포 미

How can I get to the youth hostel?
하우 캔아이 겟 투 더 유스호스텔

Could you draw me a map?
크쥬 드로미 어 맵

Chapter 03 공항

입국신고서 작성하기

- 이 서류를 작성해 주십시오.

- 이 서류를 어떻게 작성하면 됩니까?

- 작성한 것 좀 봐 주시겠어요?

- 이렇게 하면 되나요?

- 카드 한 장 더 주시겠어요?

Please, fill out this form.
플리즈 피라웃 디스 폼

Can you tell me how to fill out this form?
캔 유 텔 미 하우 투 피라웃 디스 폼

Will you check this?
윌 유 첵디스

Is it O.K.?
이스 잇 오케이

May I have another card?
메이 아이 해버너더 카앗

Tip. 도착지 입국 절차

입국 심사

비행기에서 내려 Arrival 표시가 있는 곳으로 가면, 입국 심사를 받는 장소가 나온다. 이곳에서 여권, 입국신고서, 세관신고서, 돌아갈 때 이용할 항공권 등 입국에 필요한 서류들을 보여주면 입국 심사가 시작된다. 입국 순서는 나라별로 약간의 차이가 있지만 대체로 간단한 편이다. 입국 절차를 밟을 때 필요한 서류는 기내에서 승무원이 목적지에 도착하기 전에 나누어 준다.

〈공항에서의 입국 순서〉
입국 심사 ⇒ 검역 확인 ⇒ 짐 찾기 ⇒ 세관검사
검역 확인은 특별한 사항이 없는 경우 보통 생략되거나, 서류로 대체된다.

짐 찾기

입국심사대를 나오면 '수화물 회수지역(Baggage Claim Area)'으로 가서 짐을 찾는데, 자신이 타고 온 비행기 표시가 있는 곳으로 가야만 착오가 없다. 많은 짐이 한꺼번에 나오기 때문에 자신의 가방을 찾기가 쉽지 않다. 따라서 출발하기 전에 찾기 쉽도록 짐에 특별한 표시를 해 두면 아주 편리하다. 기다려도 자신의 짐이 나오지 않으면 탑승하고 온 항공사 직원에게 신고하고, 화물이 파손되었을 때는 보상을 받도록 한다.

세관 검사

짐을 찾은 후 세관(CUSTOMS) 표시가 있는 검사대로 가서, 여권과 세관신고서를 제출하고 짐 검사를 받는다. 이때 신고할 물건이 없으면 비과세 대상의 녹색 표시 신고대로 가서 세관 검사를 받는다. 1만 달러 이상의 현금을 소지하고 있을 경우에는 갖고 있는 금액을 정확히 신고해야 한다.

Chapter 04
호텔

1 체크인(예약을 안 한 경우)
2 체크인(예약을 한 경우)
3 룸서비스 이용하기
4 보관함 이용하기
5 기타 서비스 요청하기
6 문제 해결하기
7 체크아웃하기
Tip. 호텔 이용하기

Chapter 04 호텔 — 체크인 (예약을 안 한 경우)

- 예약을 하지 않았습니다.

- 방 있습니까?

- 어떤 방으로 드릴까요?

- 싱글룸으로 주세요.

- 방을 보고 싶습니다.

- 이 방으로 하겠습니다.

- 더 싼 방은 없습니까?

- 하루 요금이 얼마입니까?

- 아침 식사는 포함되어 있습니까?

I don't have a reservation.
아이 돈 해버 레저배이션

Do you have a room?
두 유 해버 룸

What kind of room would you like?
왓 카인덥 룸 우쥬 라익

I'd like a single room.
아잇 라익커 싱글룸

> double room
> 더블룸
> basic room
> 베이씩룸
> suite
> 쓰윗

May I see the room?
메이 아이 씨 더 룸

I'll take this.
아일 테익 디스

Is there anything cheaper?
이스 데어 애니띵 칩퍼

How much is it a night?
하우머치 이스이러 나잇

Is breakfast included?
이스 브렉퍼스트 인클루디드

Chapter 04 호텔
체크인 (예약을 한 경우)

- 예약을 했습니다.

- 성함이 어떻게 되십니까?

- 어느 분의 이름으로 예약되어 있습니까?

- 김철호입니다.

- 얼마나 머무르실 겁니까?

- 언제 퇴실하실 겁니까?

- 숙박비는 어떻게 지불하시겠습니까?

- 신용카드로 계산할 겁니다.

- 731호실 열쇠 여기 있습니다.

I made a reservation.
아이 메이더 레저배이션

May I have your name?
메이 아이 햅 유어네임

What name is it under?
왓 내임 이스잇 언더

My name is Chul-ho Kim.
마이네임 이스 철호 김

How long are you staying?
하우롱 아 유 스태잉

When are you going to check out?
웬 아 유 고잉 투 체카웃

How would you like to pay?
하우 우쥬 라익 투 페이

With credit card, please.
윗크레딧카앗 플리즈

This is your room key to 731.
디스 이스 유어 룸키 투 쎄븐쓰리원

Chapter 04 호텔 — 룸서비스 이용하기

- 룸서비스 부탁합니다.

- 룸서비스는 어떻게 부릅니까?

- 0번을 누르십시오.

- 룸서비스입니까?

- 룸서비스입니다. 무엇을 도와 드릴까요?

- 따뜻한 물을 가져다주세요.

- 방이 너무 추워요.

- 문이 잠겨서 열 수가 없습니다.

- 빨리 좀 부탁합니다.

Hello, room service, please.
헬로우 룸써비스 플리즈

How do I call room service?
하우 두 아이 컬 룸써비스

Just dial zero.
저슷다이얼 지로

Is this room service?
이스 디스 룸써비스

Room service. May I help you?
룸써비스 메이 아이 헬 퓨

Can you bring me some hot water, please?
캐뉴브링 미 썸 핫워러 플리즈

ice
아이쓰
얼음
toothpaste
툿페이슷트
치약

My room is too cold.
마이 룸 이스 투 코올드

The door is locked. I cannot open it.
더 도어 이스 락트 아이 캔낫 오쁜잇

As soon as possible.
애스쑨애스 파서블

Chapter 04 호텔
보관함 이용하기

- 보관함이 있습니까?

- 이것을 보관하고 싶습니다.

- 언제까지 사용하시겠습니까?

- 내일 밤까지요.

- 이 서류를 작성해 주십시오.

- 이렇게 하면 됩니까?

- 이 상자 안에 귀중품을 넣으면 됩니다.

- 카운터에 놓아두세요.

- 내 짐을 찾으러 왔습니다.

Do you have a safety box?
두 유 해버 세이프티 박스

I'd like to deposit this.
아잇 라익투 디파짓디스

How long would you like it?
하우롱 우쥬 라익 잇

Until tomorrow night.
언틸 투모로우나잇

Fill out this form, please.
피라웃 디스폼 플리즈

Is this all right?
이스 디스 알라잇

Please put your valuables in this box.
플리즈 풋 유어 밸유어블스 인 디스박스

- purse 퍼쓰 / 지갑
- jewelry 쥬을리 / 예물

Leave them on the counter.
리이브 뎀 언더 카운터

May I have my baggage back?
메이 아이 햅 마이베기지 백

Chapter 04 호텔 - 기타 서비스 요청하기

- 모닝콜 부탁합니다.

- 몇 시에 해 드릴까요?

- 내일 아침 7시 30분에 해 주세요.

- 여기는 1154호실입니다.

- 세탁서비스입니다.

- 셔츠 두 장 다림질 좀 해 주세요.

- 얼마나 걸립니까?

- 오래 걸리지 않습니다.

- 오늘밤까지 될까요?

I'd like a wake-up call, please.
아이드 라이크 어 웨이크 업 컬 플리즈

For what time?
포 왓타임

Tomorrow morning at 7:30.
투마로우 모닝 앳 쎄븐써리

This is room number 1154.
디스 이스 룸넘버 원원파입포

This is laundry service.
디스 이스 런드리써비스

I'd like to have two shirts ironed.
아잇 라익 투 햅 투 셔츠 아이런드

dry cleaned
드라이크린드
세탁

pressed
프랫슷
다림질하다

How long will it take?
하우롱 위릿 테익

It doesn't take long.
잇 더슨테익 롱

Can I have them back this evening?
캐나이 햅 뎀백 디스이브닝

Chapter 04 호텔 — 문제 해결하기

- 무슨 문제입니까?

- 내가 방에다 열쇠를 놓고 나왔어요.

- 내 방 자물쇠가 망가졌습니다.

- 에어콘이 고장났어요.

- 비누가 없습니다.

- 더운 물이 안 나옵니다.

- 방이 너무 더워요.

- 방을 좀 바꿔 주시겠습니까?

- 곧 사람을 보내겠습니다.

What's the problem?
왓스 더 프라블럼

I left my key in my room.
아이 레풋 마이 키 인 마이룸

The lock of my room is broken.
더 락컵 마이룸 이스 브로큰

The air-conditioner doesn't work.
디 에어컨디셔너 더즌웍

There's no soap.
데어스 노 쏩

No hot water's running.
노 핫 워러스러닝

This room is too hot.
디스룸 이스 투핫

Could you change my room?
크쥬 채인지 마이룸

We'll send someone up right away.
위일센드 썸원업 라잇어웨이

Chapter 04 호텔 — 체크아웃하기

- 지금 체크아웃 하겠습니다.

- 계산서 여기 있습니다.

- 지불은 어떻게 하시겠습니까?

- 신용카드 받습니까?

- 예, 받습니다.

- 세금이 포함되어 있습니까?

- 이 요금은 무엇입니까?

- 계산이 잘못된 것 같습니다.

- 방에 두고 온 것이 있습니다.

Check out now.
체카웃 나우

This is your bill.
디스 이스 유어빌

How will you pay?
하우 윌 유 패이

Do you accept credit card?
두 유 액셉 크레딧캇

Yes, we do.
예스 위 두

Does it include tax?
더스 잇 인클루 택스

What's this charge?
왓스 디스 챠아지

fee
휘
수수료
receipt
리싯
영수증

I think this bill has some mistake.
아이 띵 디스빌 해스썸 미스테익

I left something in the room.
아이 레풋썸띵 인 더 룸

Tip. 호텔 이용하기

호텔 이용시 예절

호텔은 휴식을 취하고, 잠을 청하는 곳이므로 큰 소리로 떠들어서는 안 된다. 또한 속옷차림으로 돌아다니거나, 객실용 슬리퍼를 신고 로비나 식당 등으로 다니는 것은 타인의 눈살을 찌푸리게 하는 보기 싫은 모양새이므로 주의해야 한다.

객실 열쇠

외출할 때는 열쇠를 반드시 프런트에 맡긴다. 객실 열쇠는 열쇠 기능뿐 아니라 전원에 연결되는 경우가 있다.

욕실 이용

샤워 시설이 없을 경우에는 샤워 커튼을 치고 욕조에서 샤워를 해야 하는데, 이때 커튼 자락이 밖으로 나가지 않도록 주의하자.

세탁물 처리

객실에 비치되어 있는 세탁 주문서에 필요사항을 기입하고, 지정된 장소에 세탁물을 넣어두면 된다.

텔레비전, 전화, 냉장고 그리고 인터넷

객실에 갖추어져 있는 것은 모두 무료라는 생각은 버려야 한다. 기본적인 경우를 제외하고는 텔레비전 시청도 요금에 청구된다는 사실을 잊지 말자.

비즈니스 센타

도심에 위치한 호텔에는 대부분 비즈니스 센타가 있다. 이곳에서는 워드작업, 복사, 번역, 통역, 항공권의 예약 및 취소, 팩스, 우편 등의 서비스를 제공해 준다.

휘트니스 시설

호텔의 부대 기능 중 가장 중요한 기능이다. 대표적인 시설로 헬스 클럽, 사우나, 수영장, 이·미용실, 테니스장, 조깅코스, 골프연습장 등이 있다.

Chapter 05

식당

1 예약하기
2 테이블 안내 받기
3 일반적인 주문하기(1)
4 일반적인 주문하기(2)
5 일반적인 주문하기(3)
6 디저트 주문하기
7 패스트푸드 주문하기
8 술집에서 주문하기
9 문제 해결하기
10 계산하기
Tip. 식당 이용하기

Chapter 05 식당 예약하기

- 예약을 하고 싶습니다.

- 일행이 몇 분이십니까?

- 두 사람입니다.

- 4인석 있습니까?

- 오늘 저녁 8시입니다.

- 준비해 놓겠습니다.

- 복장을 제한하나요?

- 넥타이를 매지 않아도 됩니까?

- 청바지는 안 되나요?

I'd like to make a reservation.
아잇 라익 투 메이커 레저배이션

For how many, sir / ma'am?
포 하우 매니 써/멤

For two, please.
포 투 플리즈

A table for four?
어 테이블 퍼 포

This evening at eight.
디스이브닝 엣 에잇

We'll have it ready for you.
위일 해빗 레디 포 유

Do you have a dress code?
두 유 해버 드레스코웃

Is no tie, O.K.?
이스 노 타이 오케이

Are jeans O.K.?
아 진스 오케이

Chapter 05 식당 — 테이블 안내 받기

- 자리 있습니까?

- 두 사람이 앉을 수 있는 자리 좀 부탁합니다.

- 저 혼자입니다.

- 어떤 자리를 원하십니까?

- 창가 자리로 부탁합니다.

- 여기 앉아도 됩니까?

- 이 자리는 예약이 되어 있습니다.

- 우리 차례가 아직 안 됐습니까?

- 조금 있다가 다시 오겠습니다.

Can I get a seat?
캐나이 게러 씻

A table for two, please.
어 테이블 포 투 플리즈

Just myself.
저슷 마이셀프

Which table do you want?
위치테이블 두 유 원

By the window, please.
바이 더 윈도우 플리즈

> A booth
> 어 부스
> 칸막이 좌석
>
> A bar seat
> 어 바 씻
> 바의 자리

May I sit here?
메이 아이 씻 히어

This table is reserved.
디스테이블 이스 리저브드

Isn't it our turn yet?
이즌팃 아우어 턴 옛

I'll come back in a few minutes.
아일 컴백 이너 퓨 미니스

Chapter 05 식당
일반적인 주문하기(1)

- 메뉴 좀 주시겠어요?

- 메뉴 여기 있습니다.

- 주문하시겠습니까?

- 저녁식사로 어떤 것이 좋습니까?

- 스테이크는 어떻게 해 드릴까요?

- 완전히 익혀 주세요.

- 음식 맛이 어떻습니까?

- 이것 좀 치워 주세요.

- 여기서 담배를 피워도 됩니까?

May I have the menu, please?
메이 아이 햅더메뉴 플리즈

Here's the menu.
히어스 더메뉴

Are you ready to order now?
아 유 레디 투 오더 나우

What do you suggest for dinner?
왓 두 유 써제숫 포 디너

How would you like your steak?
하우 우쥬 라익 유어스테익

Well done, please.
웰던 플리즈

- broiled 브로이드 굽다
- fried 후라잇 후라이

What does it taste like?
왓 더스잇 테이슷라이크

Take this away, please.
테익디스 어웨이 플리즈

May I smoke here?
메이 아이 스모크 히어

Chapter 05 식당
일반적인 주문하기(2)

- 이 요리는 무엇입니까?

- 이 음식에 디저트가 포함되어 있나요?

- 이건 빨리 됩니까?

- 스프 하시겠습니까?

- 치킨스프로 하겠습니다.

- 가벼운 걸로 있습니까?

- 드레싱은 어떤 것으로 해 드릴까요?

- 이탈리안 드레싱으로 해 주세요.

- 후추 좀 건네주세요.

What kind of dish is this?
왓 카이덥 디쉬 이스디스

Does it include dessert?
더짓 인클루 디저트

Will it be ready soon?
윌 잇 비 레디쑨

Would you like soup?
우쥬 라익쑵

I'll have chicken soup.
아일 햅 치킨쑵

Is there anything light?
이스데어 애니띵 라잇

What kind of dressing would you like?
왓 카이덥 드레씽 우쥬라익

I'd like Italian dressing, please.
이탤리언드레씽 플리스

French 후랜치
Thousand Island 따우센아이랜

Can you pass me the pepper, please?
캔유 패스 미 더 페퍼 플리즈

Chapter 05 식당
일반적인 주문하기(3)

- 어떤 음식이 좋습니까?

- 오늘 특별 요리가 무엇입니까?

- 이 지방의 유명한 음식이 무엇입니까?

- 주방장이 추천하는 요리는 무엇입니까?

- 이 요리를 권해 드리고 싶습니다.

- 오늘의 특별요리입니다.

- 그래요? 먹어보겠습니다.

- 같은 것으로 하겠습니다.

- 다른 것 좀 드릴까요?

What do you recommend?
왓 두 유 레커멘드

What is today's special?
왓 이스 투데이스페셜

What's the best local food?
왓스 더 베숫 로컬풋

What does the chef recommend?
왓 더스 더 섀프 레커멘드

I recommend this.
아이 레커멘디스

This is today's special.
디스 이스 투데이스페셜

Really? I'll try it.
리얼리 아일 트라잇

I'll have the same.
아일 햅 더 쌔임

Anything else?
애니띵엘스

Chapter 05 식당 — 디저트 주문하기

- 주문 받으세요.

- 디저트는 무엇으로 하시겠습니까?

- 아이스크림 주세요.

- 음료는 무엇으로 하시겠습니까?

- 레드 와인으로 하겠습니다.

- 헤즐넛으로 주세요.

- 같은 것으로 주세요.

- 커피 좀 더 주세요.

- 디저트만 드시겠습니까?

I'd like to order, please.
아잇 라익투 오더 플리즈

What would you like for dessert?
왓 우쥬 라익 포 디서트

Ice cream, please.
아이스 크림 플리즈

What would you like to drink?
왓 우쥬 라익 투 드링

Red wine, please.
레드와인 플리즈

Hazelnut, please.
헤이즐넛 플리즈

Same here.
세임 히어

More coffee, please.
모어 커피 플리즈

tea
티
water
워러

Just dessert, O.K.?
저슷 디서트 오케이

Chapter 05 식당
패스트푸드 주문하기

- 이 근처에 패스트푸드점이 있습니까?

- 햄버거 하나 주세요.

- 빅맥 세트 주세요.

- 여기서 드실 겁니까, 가지고 가시겠습니까?

- 여기서 먹을 겁니다.

- 어떤 것을 얹어 드릴까요?

- 상추랑 피클 넣어주세요.

- 겨자소스로 해 주세요.

- 콜라 대신 커피로 할 수 있을까요?

Is there a fast-food restaurant near here?
이스 데어 어 패스트푸드래스트란 니어히어

A hamburger, please.
어 햄버거 플리즈

I'd like a Big Mac Meal.
아잇 라이커 빅맥미일

For here or to go?
포 히어 오어 투 고우

For here.
포 히어

What would you like on it?
왓 우 쥬 라이커닛

I'd like lettuce and pickles on it.
아잇 라익 래텃앤피클스 언잇

I want mustard.
아이 원 머스텃

mayonnaise
매내이스
마요내이즈

ketchup
캐첩

May I have coffee instead of coke?
메이 아이 햅 커피 인스테더브 코크

Chapter 05 식당 — 술집에서 주문하기

- 스낵바가 어디에 있습니까?

- 이 부근에 나이트클럽이 있습니까?

- 와인은 어떤 것으로 하시겠습니까?

- 생각 좀 해 보죠.

- 포도주 한 잔 주십시오.

- 달콤한 것으로 주십시오.

- 위스키에 얼음을 넣어서 주세요.

- 맥주는 어떤 것이 있습니까?

- 버드와이저 주세요.

Where is the snack bar?
웨어 이스 더 스낵바

Are there any nightclubs near here?
아 데어 애니나잇클럽스 니어히어

What kind of wine would you like?
왓 카인덥 와인 우쥬 라익

Let me think.
렛 미 띵크

A glass of wine, please.
어 글래썹 와인 플리즈

I'd like something sweet.
아잇 라익 썸띵 스윗

Scotch on the rocks, please.
스카치 언 더 락스 플리즈

What kind of beer do you have?
왓 카인덥 비어 두 유 햅

I'll have a Budweiser, please.
아일해버 버드와이서 플리즈

Heineken
하이니킨
Corona
코로나

Chapter 05 식당 — 문제 해결하기

- 커피가 아직 안 나왔어요.

- 주문한 음식이 아니에요.

- 스파게티를 주문했어요.

- 주문을 바꾸어도 될까요?

- 포크를 떨어뜨렸어요.

- 다른 포크를 갖다 주세요.

- 부탁 좀 들어 주시겠어요?

- 맛이 이상합니다.

- 이 음식은 어떻게 먹는 건가요?

My coffee hasn't come yet.
마이 커피 해슨 컴 옛

I didn't order this.
아이 디든 오더 디스

I ordered spaghetti.
아이 오더드 스파게티

Is it possible to change my order?
이스잇 파스블 투 채인지 마이 오더

I dropped my fork.
아이 잇랍트 마이 포크

Could you bring me another fork?
크쥬 브링 미 어나더 포크

> napkin 냅킨
> cup 컵

Would you do me a favor?
우쥬 두 미 어 페이버

This tastes strange.
디스 테이스트 래인지

How do you eat this?
하우 두 유 이트 디스

Chapter 05 식당 — 계산하기

- 계산해 주세요.

- 따로 계산하시겠습니까?

- 계산은 내가 하겠습니다.

- 얼마입니까?

- 제가 반을 낼게요.

- 팁이 포함된 가격입니까?

- 거스름돈은 가지세요.

- 거스름 돈이 틀립니다.

- 잘 먹었습니다.

Please give me the bill.
플리즈 깁 미 더 빌

Would you like separate checks?
우쥬 라익 세퍼릿 첵스

I'll take care of the bill.
아일 테익 캐어러브 더 빌

How much is it?
하우 머취 이스 잇

Let me pay half.
렛 미 패이 햄프

Is the tip included?
이스 더 팁 인클루디드

Keep the change.
킵 더 채인지

You gave me the wrong change.
유 개입미 더 렁 채인지

It was very good.
잇워스 베리 굿

Tip. 식당 이용하기

풀 코스(Full course) 정식을 주문하면 코스마다 주문할 필요가 없다. 먹고 싶은 것만 선택을 할 때 무엇을 주문해야 할 지 모를 경우, 아무거나 시키면 맛이 없거나 취향이 아닌 요리가 나올 수 있으므로 그림이나 사진을 보고 주문하는 것이 좋다. 옆자리에서 주문한 음식이 맛있게 보이면 That one, please라고 하면 된다.

식당 예절

식당 프런트(Front)에서 잠시 기다리면 웨이터나 웨이트리스가 와서 인사를 하고 흡연석을 원하는지 금연석을 원하는지를 물은 다음, 손님의 인원을 확인하고 자리를 안내해 준다. 식사를 하기 전 혹은 하면서 가볍게 와인(Wine) 한 잔이나 맥주(Beer)를 하는 것도 좋다.

테이블 매너

포크는 왼손, 나이프는 오른손으로 잡는다. 포크, 나이프, 스푼은 바깥쪽에 있는 것부터 사용한다.
- 냅킨은 무릎 위에 놓고 식사가 끝나면 접시 옆에 놓는다.
- 부페는 찬 음식, 더운 음식, 후식 순으로 먹는다.
- 수프는 소리 내서 먹지 않으며, 스푼을 사용한다.
- 빵은 손으로 잘라 먹는다.
- 종업원을 부를 때는 손을 들거나, Excuse me라고 한다.
- 옆 테이블에 양념이 있을 경우 손을 뻗어 집으려 하지 말고, Pass me ~ please라고 한다.
- 포크나 스푼을 떨어뜨렸을 경우, 새 것을 웨이터에게 부탁한다.
- 뜨거운 것은 후 불거나 하지 않는다.
- 식사 중에는 흡연석에서도 절대 금연!
- 식사 중 잠시 자리를 뜰 때는 나이프와 포크를 팔(八)자가 되도록 놓는다.
- 식사가 끝나면 포크와 나이프는 가지런히 접시 위에 놓는다.

Chapter 06 교통

1 버스 이용하기
2 택시 이용하기
3 지하철 이용하기
4 열차 이용하기
5 렌터카 이용하기
6 자동차 정비하기
Tip. 교통수단 이용하기

Chapter 06 교통 버스 이용하기

- 버스 정류장이 어디입니까?

- 어느 버스가 센트럴 역에 갑니까?

- 그 버스를 어디에서 탈 수 있습니까?

- 이 버스가 동물원에 정차합니까?

- 그 버스는 몇 시에 출발합니까?

- 다음 버스는 몇 시에 옵니까?

- 매 30분마다 있습니다.

- 어디에서 내려야 하나요?

- 버스를 잘못 탔어요.

Where is the bus stop?
웨어리스 더 버스탑

Which bus goes to central station?
위치버스 고우스 투 쎈트럴스태이션

Where can I take it?
웨어 캐나이 테이킷

Does this bus stop at the zoo?
더스 디스 버스탑 앳 더 주

What time does the bus leave?
왓타임 더스 더 버스 리브

When is the next bus?
웬 이스 더 넥스버스

> express bus
> 엑스프래스 버스
> first class bus
> 퍼슷클래스 버스

Every 30 minutes.
에브리 써리미닛스

Where should I get off?
웨어 슈다이 게러프

I took the wrong bus.
아이 툭 더롱버스

Chapter 06 교통 — 택시 이용하기

- 택시 정류장이 어디입니까?

- 이곳으로 가 주세요.

- 공항으로 가 주세요.

- 빨리 갑시다.

- 똑바로 가 주세요.

- 다음 모퉁이에서 돌아 주세요.

- 여기에서 기다려 주세요.

- 요금이 많이 나오지 않았나요?

- 거스름돈이 모자라는군요.

Where is the taxi stand?
웨어리즈 더 택시스탠드

Take me to this place, please.
태익 미 투 디스 플래이스 플리즈

Take me to the airport, please.
태익 미 투 디에어폿 플리즈

Please hurry.
플리즈 허리

Go straight, please.
고우 스트레잇 플리즈

Turn at the next corner.
턴 엣 더 넥스코너

Can you please wait for me?
캔유 플리즈 웨잇포미

Aren't you overcharging?
안츄 오버 챠아징

I don't have enough change.
아이 돈 핸이넙 체인지

Chapter 06 교통 — 지하철 이용하기

- 지하철역이 어디입니까?

- 지하철 노선도를 얻을 수 있습니까?

- 구 항구로 가려면 몇 호선을 타야 합니까?

- 2호선을 타세요.

- 센트럴역은 몇 번째 정거장입니까?

- 여섯 정거장 더 가십시오.

- 어디서 갈아탑니까?

- '필'가 쪽 출구가 어디입니까?

- 시청으로 가는 지하철이 맞습니까?

Where is the subway station?

웨어리즈 더 서브웨이스테이션

May I have a subway map?

메이 아이 해버 서브웨이맵

Which track is for Old port?

위치트랙 이스 포 올드폿트

Take line No. 2.

테익 라인 넘버투

How many stops is it to Central station?

하우 매니 스탑스 이스잇 투 센트럴스테이션

It's six stops from here.

잇스 식스탑스 프럼 히어

Where do I transfer?

웨어 두 아이 트랜스퍼

side
싸잇
쪽/방향

subway line
썹웨이 라인
지하철 호선

Can you tell me which exit is for Peel Street?

캔 유 텔 미 위치 액짓 이스포 필스트릿

Is this the right subway to City Hall?

이스 디스 더 라잇 서브웨이 투 씨티홀

Chapter 06 교통 — 열차 이용하기

- 편도표 한 장 주세요.

- 몇 등석으로 드릴까요?

- 일등석으로 주세요.

- 시카고행 열차가 있습니까?

- 좀 더 이른 차는 없습니까?

- 이 열차가 시카고행 열차입니까?

- 식당칸이 딸려 있습니까?

- 자리 있습니까?

- 기차에 가방을 놓고 내렸습니다.

I'd like a one way ticket, please.

아잇 라이커 원웨이 티켓 플리즈

student ticket
스투던 티켓
학생권

senior citizen ticket
씨녀씨티즌 티켓
경로우대권

What class would you like?

왓클래스 우쥬 라익

First class, please.

퍼스트클래스 플리즈

Is there a train for Chicago?

이스 데어러 트래인 포 시카고

Are there any earlier ones?

아 데어 애니 어얼리어원스

Is this the train for Chicago?

이스 디스 더 트래인 포 시카고

Is there a dining car?

이스 데어러 다이닝카

Is this seat vacant?

이스 디씻 배이캔트

I left a bag on the train.

아이 레프터 백 언 더 트래인

Chapter 06 교통 — 렌터카 이용하기

- 차를 빌리려고 하는데요.

- 어떤 종류의 차를 원하십니까?

- 소형차가 좋겠어요.

- 하루에 얼마입니까?

- 보험이 포함되어 있습니까?

- 종합보험으로 해 주십시오.

- 보증금을 걸어야 하나요?

- 운전면허증을 보여 주세요.

- 차를 점검해 주시겠어요?

I'd like to rent a car.
아잇 라익 투 렌터카

What type of car would you like?
왓 타입 어브 카 우쥬 라익

I'd like a compact car, please.
아잇 라익 어 컴팩카 플리즈

sedan
스덴
세단형 자동차

What's the daily rate?
왓스 더 데일리 래잇

Does that include insurance?
더즈 댓 인클루드 인슈런스

I'd like full insurance, please.
아잇 라익 풀 인슈런스 플리즈

Do I have to pay a deposit?
두 아이 햅 투 패이 어 디파짓

Please show me your driver's license.
플리즈 쇼우 미 유어 드라이버스 라이슨스

ID
아이디
신분 증명

Would you inspect my car?
우쥬 인스팩 마이 카

Chapter 06 교통
자동차 정비하기

- 제 차 좀 봐 주시겠습니까?

- 무슨 일입니까?

- 차가 고장이 났어요.

- 배터리가 나간 것 같아요.

- 타이어가 펑크 났어요.

- 배터리를 충전해 주세요.

- 기름을 가득 채워 주세요.

- 오일을 점검해 주세요.

- 수리하는 데 얼마나 걸립니까?

Could you check out my car?
쿠쥬 체카웃 마이카

What's wrong with it?
왓스 렁 위딧

My car doesn't work.
마이카 더슨웍

The battery seems to be dead.
더 배러리 씸스 투 비 데드

I've got a flat tire.
아이브 가러 플랫타이어

Can you please charge the battery?
캔유 플리즈 챠아지 더 배러리

Fill it up, please.
피리럽 플리즈

Can you check the oil, please?
캔유 첵 더 오일 플리즈

How long will it take to fix it?
하우 롱 위릿 테익 투 픽스잇

Tip. 교통수단 이용하기

항공

제한된 시간에 여러 곳을 여행할 경우에는 경로와 항공사를 정해 놓고, 항공권을 구입할 때는 출발일시와 항공편을 비워두는 '오픈 티켓'을 구입하면 좋다.

기차

미국의 경우, 단거리 구간을 제외하고는 거의 모든 기차가 Amtrak(암트랙)사에 의해 운용된다. 호주는 기차가 대중적이지 않지만 장거리 여행을 할 때는 빼놓을 수 없는 교통수단이다. 유럽은 미국, 호주와 달리 철도 연결이 잘 되어 있어 여행하기에 편리하다. 유레일패스를 준비하면, 유럽 17개국의 구간을 일정기간 동안 승차 횟수에 관계없이 마음대로 이용할 수 있다.

관광버스

미국, 캐나다, 호주에서는 고속도로가 잘 되어 있어 가장 대중적인 장거리 교통수단 중 하나가 바로 이 관광버스이다.

렌트카

렌트카로 여행하려면 국제운전면허증과 신용카드를 준비해야 한다. 신용카드가 없으면 따로 보증금을 내야 하는 번거로움이 있다. 미국, 호주, 유럽, 캐나다 등지에서 렌트카를 이용하면 비용도 싸고, 보험 처리도 잘 되어 있다.

지하철

지하철은 어느 나라에서든 가장 대중적인 교통수단으로 이용된다. 미국은 Subway, 영국은 Underground, tube, 독일은 Uban, 프랑스는 Metro, 호주는 Rail way라고 부른다.

택시

요금의 부담은 있지만, 길을 잘 모르거나 밤늦게 숙소로 돌아올 때 이용하기에 안전하다. 미국은 옐로우 캡(Yellow cab)이라고 부르며 호주는 우리나라처럼 택시(Taxi)라고 한다.

Chapter 07 관광

1. 관광 안내소에 문의하기
2. 버스 투어하기
3. 관람 및 관전하기
4. 티켓 구입하기
5. 카지노 이용하기
6. 사진 촬영 및 현상하기
7. 길 안내 받기(1)
8. 길 안내 받기(2)

Tip. 관광하기

Chapter 07 관광

관광 안내소에 문의하기

- 안내서를 얻을 수 있습니까?

- 관광지도 한 장 주세요.

- 구경하기에 제일 좋은 곳이 어디입니까?

- 캘리포니아가 좋습니다.

- 볼만한 곳을 알려주시겠어요?

- 금문교를 권해 드리고 싶습니다.

- 그곳에는 어떻게 가지요?

- 걸어서 갈 수 있습니까?

- 택시를 타는 것이 좋을 겁니다.

May I have a guide book?
메이 아이 해버 가이드북

Can I have a sightseeing map, please?
캔아이해버 싸이씽맵 플리즈

Where is the best place to go?
웨어리즈 더 베슷플레이스 투고우

California is a good place.
캘리포니아 이스 어 굿플레이스

Can you recommend an interesting place?
캔 유 레커멘 앤 인터레스팅 플레이스

I recommend the Golden Gate Bridge.
아이 레커멘 더 골든개잇브릿지

How can I get there?
하우 캔나이 겟 데어

Can I go there on foot?
캐나이 고우 데어 언 풋

| by train |
| 바이 트레인 |
| 기차로 |
| by ferry |
| 바이 페리 |
| 페리 보트로 |

You'd better take a taxi.
웃 베러 테이커 택시

Chapter 07 관광
버스 투어하기

- 시내 관광버스가 있습니까?

- 오늘 관광이 있습니까?

- 시내관광에 참여하고 싶습니다.

- 관광코스를 추천해 주시겠습니까?

- 어디서 출발합니까?

- 몇 시에 돌아옵니까?

- 그 관광은 시간이 얼마나 걸립니까?

- 가이드가 있습니까?

- 식사가 포함되어 있습니까?

Do you have a city tour bus?
두유 해버 시티투어버스

Do you have a tour today?
두유 해버 투어 투데이

I'd like to do a city tour.
아이 라익 투 두어 시티투어

- walking tour
  워킹투어
  도보 여행
- river cruise
  리버크루즈
  강 유람 여행

Can you recommend a sightseeing tour?
캔 유 레커멘더 싸잇씨잉투어

Where does it start?
웨어 더짓 스타트

What time will we be back?
왓타임 윌 위 비백

How long does the tour take?
하우롱 더스 더 투어 테익

Do you have a guide?
두 유 해버 가이드

Are any meals included?
아 애니 밀스 인클루디드

Chapter 07 관광
관람 및 관전하기

- 여기서 열리는 경기가 있습니까?

- 오늘 밤에 상영하는 것이 뭐죠?

- 게임은 몇 시에 시작됩니까?

- 공연은 몇 시에 끝납니까?

- 휴식 시간이 얼마나 됩니까?

- 좌석요금을 내야 합니까?

- 안에서 사진을 찍어도 됩니까?

- 엽서 있습니까?

- 보트를 빌리고 싶습니다.

Are there any sports events here?
아 데어 애니 스폿씨벤스 히어

What's on tonight?
왓스 언 투나잇

What time does the game begin?
왓타임 더스 더 개임 비긴

What time is the show over?
왓타임 이스 더 쇼오우버

How long is the intermission?
하우롱 이스 디 인터미션

Is there a cover charge?
이스 데어러 커버 챠아지

May I take some pictures inside?
메이 아이 테익 썸 픽쳐스 인싸이드

Do you sell postcards?
두 유 쎌 포숫캇스

I'd like to rent a boat.
아잇 라익 투 렌터 봇

souvenirs
수배니어스
기념품
calling cards
컬링캇스
전화카드
journals
줘널
일기

Chapter 07 관광 — 티켓 구입하기

- 표 있습니까?

- 남은 자리가 있습니까?

- 입장료가 얼마입니까?

- 오늘밤 공연 표 두 장 주세요.

- 표가 매진되었습니다.

- 다음 주 월요일은 어떻습니까?

- 다음 주 월요일 표는 있습니다.

- 어떤 좌석으로 드릴까요?

- 가운데 자리로 주세요.

Can I get a ticket?
캐나이 게러 티킷

Are there any seats left?
아 데어 애니 씻스 레프트

How much is the admission fee?
하우머치 이스 디 앳미션피

I'd like two tickets for tonight.
아잇 라익 투 티킷스 포 투나잇

The tickets are sold out.
더 티킷스 아 쏘울다웃

How about next Monday?
하우 어바웃 넥슷먼데이

Next Monday is O.K.
넥슷먼데이 이스 오케이

Which seat do you want?
위치 씻 두 유 원

I'd like one in the middle row, please.
아잇 라익 원 인 더 미들로우 플리즈

Chapter 07 관광 — 카지노 이용하기

- 이 호텔에 카지노가 있습니까?

- 아래층에 있습니다.

- 카지노 경험이 없는데요.

- 어느 것이 초보자에게 쉬운가요?

- 룰렛이 좋습니다.

- 어디서 룰렛을 할 수 있습니까?

- 룰렛은 어떻게 하는 건가요?

- 칩은 어디서 삽니까?

- 100달러를 칩으로 주실래요?

Is there a casino in this hotel?
이스 데어러 커시노우 인 디스 호텔

There is one downstairs.
데어리스 원 다운스테어스

I've never played in a casino.
아이브 네버 플레이디너 커시노우

Which game is good for a beginner?
위치 게임이스 굿 포러 비기너

Roulette is a pretty good one.
룰렛 이스 어 프리티 굿 원

Poker
포커
포카

Mahjong
마종
마작

Where can I play Roulette?
웨어 캐나이 플레이 룰렛

Please, show me how to play roulette.
플리즈 쇼우 미 하우 투 플레이 룰렛

How can I get chips?
하우 캐 나이 겟 칩스

May I have 100 dollars in chips?
메이 아이 햅 원헌드렛달러스 인 칩스

Chapter 07 관광
사진 촬영 및 현상하기

- 여기서 사진을 찍어도 됩니까?

- 사진 찍읍시다.

- 사진을 찍어 주시겠습니까?

- 이 셔터만 누르면 됩니다.

- 이 근처에 사진관이 있습니까?

- 이 카메라에 필름 한 통 넣어 주세요.

- 이 필름을 현상하고 싶은데요.

- 카메라가 고장이 났습니다.

- 고쳐 주시겠습니까?

May I take pictures here?
메이 아이 테익 픽쳐스 히어

No filming
노우 필밍
녹화 금지

No flash photography
노우 플래쉬 포타그라피
플래쉬 금지

Let's take a picture.
렛스 테이커 픽쳐

Could you take a picture for me?
크쥬 테이커 픽쳐 포 미

Just push this button.
저슷 푸쉬 디스 버튼

Are there any camera shops near here?
아 데어 애니 캐므라샵스 니어 히어

Please put in a roll of film.
플리즈 풋이너 롤 럽 필름

I'd like to have this film developed.
아잇 라익 투 햅 디스 필름 디벨럽드

This camera doesn't work.
디스 캐므라 더슨웍

Can you repair it?
캔 유 리패어릿

Chapter 07 관광
길 · 안내 받기(1)

- 여기가 어딘가요?

- 이것은 어디에 있습니까?

- 도와주세요.

- 길을 잃은 것 같습니다.

- 여기서 먼가요?

- 약도를 좀 그려주시겠습니까?

- 정말 혼동되는군요.

- 제가 있는 거리가 어디죠?

- 힐튼 호텔에 가는 길을 알려 주시겠습니까?

Where am I?
웨어 앰 아이

Where is this?
웨어 리스 디스

Please help me.
플리즈 헬프미

I'm afraid I am lost.
아임 어푸레잇 아이 앰 러스트

Is it far from here?
이스잇 파 프롬 히어

Could you draw me a map?
크쥬 드라 미어 맵

That sounds really confusing.
댓 사운스 리얼리 컨퓨징

What street am I on now?
왓 스트릿 앰아이 언 나우

Could you tell me the way to the Hilton Hotel?
크쥬 텔 미 더 웨이 투 더 힐튼 호텔

Chapter 07 관광
길·안내 받기(2)

- 이곳이 처음입니다.

- 이 길입니까?

- 지나쳐왔군요.

- 여기에서 가깝습니까?

- 택시를 타야 합니까?

- 이 길의 이쪽 편입니까?

- 오른쪽인가요?

- 다음 모퉁이에서 오른쪽으로 돌아가세요.

- 왼쪽에 그 건물이 있습니다.

I'm a stranger here.
아임 어 스트래인저 히어

Is it on this street?
이스잇 언 디스트릿

You've come too far.
유브 컴 투 파

Is it near here?
이스잇 니어 히어

Should I take a taxi?
슈다이 테이커 택시

Is it on this side of the street?
이스잇 언 디싸이덥 더 스트릿

Is it on the right?
이스잇 언더 라잇

Turn right at the corner.
턴 라잇 엣더코너

You will find the building on your left.
유 윌 파인더빌딩 언유어레프트

Tip. 관광하기

해외여행에서 중요한 목적 중 하나가 관광이므로 낯선 곳이라고 두려워 말고 과감하게 행동하고 볼 일이다. 미국, 캐나다, 호주 등 대부분의 나라가 거리(street)명이 있고 번호가 있어서 길 찾기는 어렵지 않다. 혼자 여행을 하더라도 지도 하나만 있으면 어디든지 물어서 다닐 수가 있다. 여행 자료는 호텔의 로비나 안내소, 관광 안내소 등에서 구할 수 있다. 극장, 박물관, 경기장 등을 방문할 때는 쉬는 날, 개관, 폐관 시간을 미리 알아 두어야 낭패가 없다. 여행을 하다 보면 그 나라 사람들과 문화나 생활 습관 등에서 차이를 느낄 수 있으므로 신경써서 행동해야 한다. 우리는 아무렇지도 않은데 그 나라 사람들에게는 이상하게 보일 수도 있다. 여행 중 길을 잃으면 당황하지 말고 근처 경찰관이나 지나가는 사람에게 물어보도록 한다.

〈국가별 유의사항〉

프랑스

봄과 가을에는 얇은 코트나 스웨터, 여름에는 우비가 필요하다. 간단한 식사를 즐길 수 있는 노상카페에서 서서 먹으면 앉는 것보다 가격이 40% 정도 싸다.

스위스

등산전차나 케이블카를 타고 높은 곳으로 올라갈 때는 기압차에 조심해야 한다.

영국

우산이나 비옷은 필수. 차량의 방향이 우리나라와는 반대이므로 주의해야 한다.

이탈리아

한국의 날씨와 비슷지만, 여름에는 온도차가 있으므로 겉옷을 준비하는 것이 좋다. 바티칸을 관광할 때는 여성은 소매 없는 옷, 남성은 반바지를 삼가야 한다.

Chapter 08

쇼핑

1 쇼핑 관련 질문하기
2 물건 고르기(1)
3 물건 고르기(2)
4 포장 요청하기
5 면세점 이용하기
6 교환 및 환불하기
7 계산하기
Tip. 쇼핑하기

Chapter 08 쇼핑
쇼핑 관련 질문하기

- 시내에 상가 지역이 있습니까?

- 백화점이 어디입니까?

- 여성복 매장은 몇 층입니까?

- 면도기는 어디에서 살 수 있죠?

- 콘프레이크는 어디에 있어요?

- 몇 시에 문을 엽니까?

- 몇 시에 문을 닫습니까?

- 언제까지 영업합니까?

- 이곳은 24시간 영업합니다.

Is there a shopping area?
이스 데어 어 샤핑에리어

Where is a department store?
웨어리스 어 디팟민스토어

Which floor is women's clothing on?
위치플로어 이스 위민스 클로딩언

Where can I buy a razor?
웨어 캐나이 바이 어 래이저

Where are the cereals?
웨어아 더 씨리얼스

What time do you open?
왓 타임 두 유 오쁜

What time do you close?
왓 타임 두 유 클로스

How late are you open?
하우레잇 아 유 오쁜

We are open 24 hours.
위아 오쁜 트위니포 아우얼스

Chapter 08 쇼핑 물건 고르기 (1)

- 내 치수를 재 주세요.

- 탈의실이 어디입니까?

- 이런 것 있습니까?

- 이걸로 다른 색이 좋을 것 같아요.

- 이 제품은 어디에서 만들어진 것이죠?

- 어떤 것이 더 좋은가요?

- 너무 수수해요.

- 내게 딱 맞는군요.

- 이건 최신 상품인가요?

Can you check my size, please?
캔유 첵 마이싸이즈 플리즈

Where's the fitting room?
웨어스 더 피팅룸

Do you have something like this?
두유 햅 썸띵라익 디스

I'd like it in a different color.
아잇 라이킥 이너디퍼런컬러

Where was this made?
웨어워스 디스메잇

Which is better?
위치이스 베러

bright
브라잇
밝은
light
라잇
가벼운
fancy
팬씨
화려한

It's too dark.
잇스 투다크

It fits me well.
잇 핏스미웰

Is this the latest thing?
이스 디스 더레이티슷띵

Chapter 08 쇼핑
물건 고르기(2)

- 가방 좀 보여 주세요.

- 이것 좀 보여 주세요.

- 이것을 입어 봐도 될까요?

- 이것은 원단이 무엇입니까?

- 이걸로 주세요.

- 다른 것으로 보여 주세요.

- 싼 것으로 보여 주세요.

- 내가 원하는 것이 아닙니다.

- 잠시 생각해 볼게요.

I'm looking for a bag.
아임 루킹 포러 백

Show me this one.
쇼 미 디스 원

May I try this on?
메이 아이 트라이 디스 언

What's this made of?
왓스 디스 메이더브

I'll take this one.
아일 테익 디스 원

Show me some others, please.
쇼 미 썸어더스 플리즈

> a bigger one
> 어 비거 원
> 더 큰거
>
> a simpler one
> 어 씸플러 원
> 더 씸플한거

Show me a cheaper one, please.
쇼미 어 치퍼원 플리즈

That's not what I want.
댓스 낫 왓아이 원

I'll think about it.
아일 띵커바우릿

Chapter 08 쇼핑 — 포장 요청하기

- 선물용으로 포장해 주세요.

- 따로따로 포장해 주세요.

- 같이 포장해주세요.

- 포장지는 어떤 것으로 해 드릴까요?

- 종이 백에 넣어 주세요.

- 선물용 박스에 넣어 주시겠어요?

- 가격표를 떼 주시겠어요?

- 배달해 주나요?

- 여기로 보내 주세요.

Can you gift wrap this, please?
캔유 기픗랩디스 플리즈

Wrap these separately, please.
랩 디즈 세프렛리 플리즈

Please wrap them up together.
플리즈 랩 댐업 투게더

What kind of wrapping paper do you want?
왓 카인덥 랩핑 페이퍼 두유원

I'll take it in a paper bag.
아일 태익잇 이너 페이퍼백

May I have a gift box for this?
메이 아이 해버 기픗박스 포 디스

Could you take the price tags off?
크쥬 테익 더 프라이스택스프

Do you deliver?
두 유 딜리버

Send it to this address, please.
센딧 투 디스 애드레스 플리즈

Chapter 08 쇼핑 — 면세점 이용하기

- 향수를 사고 싶습니다.

- 어떤 상표를 원하십니까?

- 이것과 저것으로 하나씩 주세요.

- 그걸로 하겠습니다.

- 그걸로 갖다드리겠습니다.

- 이것은 면세입니까?

- 세금은 얼마입니까?

- 구경만 하겠습니다.

- 이 가방은 진짜 가죽입니까?

I'd like to buy some perfume.
아잇 라익 투 바이 썸펄퓸

| some alcohol | 썸 알커헐 | 술 |
| some cigarettes | 썸 씨가렛스 | 담배 |

Which brand do you want?
위치브랜 두 유 원

One of those and one of these.
원업 도스 앤 원업 디스

I'll take it.
아일 테이킷

I'll get it for you.
아일 게릿 포 유

Is this tax-free?
이스 디스 택스프리

How much is tax?
하우 머치 이스 택스

I'm just looking, thanks.
아임 져숫루킹 땡스

Is this bag made of real leather?
이스 디스 백 메이덥 리얼 레더

Chapter 08 쇼핑 — 교환 및 환불하기

- 교환할 수 있습니까?

- 치수 좀 바꿔 주세요.

- 이것을 반품하고 싶습니다.

- 전혀 작동하지를 않아요.

- 이것을 고쳐주세요.

- 환불이 가능한가요?

- 영수증 여기 있습니다.

- 환불은 안 되는데요.

- 책임자를 좀 만날 수 있습니까?

Can I exchange this?
캐나이 익스체인즈 디스

Can I change the size?
캐나이 채인즈 더 사이즈

I'd like to return this.
아잇 라익 투 리턴 디스

It doesn't work at all.
잇 더슨웍 에럴

I'd like to have this fixed.
아잇 라익 투 헤브 디스 픽숫

Can I get a refund on this?
캐나이 게러 리펀던 디스

Here's the receipt.
히얼스 더 리시트

We don't give refunds.
위 돈 깁 리펀스

Can I see the manager?
캐나이 씨 더 매니저

Chapter 08 쇼핑 계산하기

- 얼마입니까?

- 계산해 주세요.

- 너무 비싸요.

- 깎아주세요.

- 예상했던 것보다 비싸군요.

- 싼 것은 없습니까?

- 세일품입니까?

- 세금이 포함된 건가요?

- 여행자수표를 받습니까?

How much is it?
하우 머취 이스 잇

Check, please.
첵, 플리즈

It's too expensive.
잇 스 투 익스펜시브

Can you give me a lower price?
캔 유 깁미 어 로어프라이스

That's more than I expected.
댓 스 모어 댄 아이 익스펙팃

Do you have a cheaper one?
두 유 해버 치퍼원

Is this on sale?
이 스 디 썬 쌔일

Does it include tax?
더 스 잇 인클루택스

Do you accept traveler's checks?
두 유 액쌥 트래블러스첵스

Tip. 쇼핑하기

여행을 하면서 진귀한 것 혹은 갖고 싶은 것을 보았을 때 사고 싶은 것은 당연하다. 예산에 맞게 토산품이나 그 지역에서 생산되는 것을 사면 좋다. 쇼핑할 수 있는 곳은 우선 면세점을 들 수가 있다. 공항, 기내, 그리고 시내 중심가에 면세점이 있는데 주로 향수, 담배, 술 등을 싸게 살 수 있다. 이런 물건들은 귀국할 때 사는 것이 좋다. 관광객들을 상대로 하는 가게에서 마음에 들면 그대로 값을 지불하기보다는 다른 상점들과 비교해 보고 "Can you give me a discount?"라고 값을 깎을 수도 있으니까 시도해 보기로 하자. 그러나 백화점은 정찰제이기 때문에 가격을 깎는 일은 무례한 일이 될 수 있으므로 유의한다. 상점 안에 들어서면 점원이 다가와서 "May I help you?"라고 물을 것이다. 귀찮게 느껴질 때는 웃으면서 "Just looking"이라고 말하면 점원은 다른 일을 보게 되어 편안히 구경할 수 있다. 쇼핑할 때 주의할 점은 생산지가 제3국인 경우가 많다는 것이다. 이것을 모르고 샀다가 나중에 알게 되어 후회하는 경우가 있으므로 현지에서 만든 것인지 여부 등 잘 알아보도록 한다.

약국 (Drug store)

미국, 영국, 호주 등의 약국은 우리나라 약국과는 좀 다르다. 약만 파는 것이 아니라 샴푸, 치약, 화장품에서부터 건강식품에 이르기까지 다양한 것을 판매한다.

벼룩시장 (Bazar market)

물물교환을 해 주는 곳도 있고, 입던 청바지를 파는 곳 등 싼 가격에 다양한 물건을 살 수 있는 곳이다.

뉴스 에이전시 (News agency)

버스 정류장이나 역 주변에서 버스표, 지하철표, 복권에서부터 문구류까지 다양한 물건을 판매한다.

Chapter 09
공공시설

1 시내 전화하기
2 국제 전화하기
3 우체국 이용하기(1)
4 우체국 이용하기(2)
5 은행 이용하기
Tip. 공공시설 이용하기

Chapter 09 공공시설 — 시내 전화하기

- 스미스 씨와 통화할 수 있습니까?

- 스미스 씨 계십니까?

- 스미스 씨는 통화중입니다.

- 그는 지금 부재중인데요.

- 전하실 말씀이 있습니까?

- 그가 언제 오는지 아세요?

- 4시경에 다시 걸겠습니다.

- 제게 전화 부탁한다고 전해 주세요.

- 전화번호를 말씀하세요.

May I speak to Mr. Smith?
메이 아이 스픽투 미스터 스미스

Is Mr. Smith there?
이스 미스터 스미스 데어

Mr. Smith is on another line.
미스터 스미스 이스 언 어나더 라인

He's not here at the moment.
히즈 낫 히어엣 더 모으맨

Can I take a message?
캐나이 테익커 메씨지

Do you know when he will be back?
두 유 노우 웬 히 윌비백

I'll call back around 4 o'clock.
아일 컬 백 어라운 포 어클럭

Please ask him to call me.
플리즈 애스크 힘 투 컬 미

What's the phone number, please?
왓스더 폰 넘버 플리즈

Chapter 09 공공시설 — 국제 전화하기

- 한국에 수신자 부담으로 전화하고 싶은데요.

- 장거리 전화를 하고 싶습니다.

- 어디로 거실 겁니까?

- 전화번호와 받는 분의 성함을 말씀해 주세요.

- 이름은 김대한이고, 번호는 02-235-7274입니다.

- 누구라도 괜찮습니다.

- 다시 걸겠습니다.

- 끊지 말고 잠시 기다려 주세요.

- 말씀하세요. 상대방이 나왔습니다.

I'd like to make a collect call to Korea.
아잇 라익 투 메이커 컬렉컬 투 코리아

I'd like to make a long distance call.
아잇 라익 투 매이커 렁디스턴스컬

Where would you like to call?
웨어 우쥬 라익 투 컬

What's the number and party's name?
왓스 더 넘버 앤 파리스내임

Dae-han Kim, 022357274.
대한 김 오우더블투쓰리파이브쎄븐투쎄븐포

Anyone that answers will be fine.
애니원 댓 앤설스 윌 비 파인

I'll try again later.
아일 트라이어갠 래이러

Hold on a minute please.
홀던 어 미닛 플리즈

Your party's on the line. Go ahead please.
유어 파리스 언 더 라인 고우어헤드 플리즈

Chapter 09 공공시설 — 우체국 이용하기 (1)

- 가장 가까운 우체국이 어디에 있습니까?

- 우표는 어디에서 팝니까?

- 항공우편으로 보내고 싶습니다.

- 서울로 전보를 보내려고 합니다.

- 속달로 부치고 싶은데요.

- 이것을 보내는 데 요금은 얼마입니까?

- 한국까지 며칠 걸립니까?

- 이 편지의 무게를 좀 달아봐 주세요.

- 어디에 넣으면 되나요?

Where's the nearest post office?
웨어스 더 니어리슷 포스터피스

Where can I get stamps?
웨어 캐나이 겟 스탬스

I want to send this by air.
아이 원 투 센 디스 바이 에어

I want to send a postcard to Seoul.
아이 원 투 센 더 포스캇 투 서울

I'd like to send it by express.
아잇 라익 투 센딧 바이 익스프레스

What's the postage for this?
왓스 더 포우스티지 포 디스

How long will it take to get to Korea?
하우 롱 위릿 테익 투 갯투 코리아

Can you please weigh this letter?
캔 유 플리즈 웨이 디스 레러

Where can I mail this?
웨어 캐나이 매일 디스

Chapter 09 공공시설 우체국 이용하기 (2)

- 안에 무엇이 들어 있습니까?

- 이 안에는 책이 들어 있습니다.

- 소포를 보험에 들겠습니까?

- 10센트짜리 우표 한 장 주세요.

- 우표가 제대로 붙었나요?

- 긴급전보를 치려고 합니다.

- 한 단어에 얼마인가요?

- 팩스를 보내고 싶습니다.

- 우체통이 어디에 있습니까?

What's in it?
왓스 이닛

There are books in this.
데어라 북스 인디스

Would you like to insure the parcel?
우쥬 라익투 인슈어 더파슬

I'd like a 10-cent stamp.
아잇라이커 텐센스탬프

Is the postage correct?
이스 더포스티지 커렉트

I'd like to send an urgent message.
아잇 라익 투 센더 어전트 메세지

How much is it a word?
하우머치 이스 이러 워드

I'd like to send a fax.
아잇 라익 투 샌더팩스

Where is a mailbox?
웨어리스 어 매일박스

Chapter 09 공공시설 은행 이용하기

- 어떻게 바꿔 드릴까요?

- 달러로 바꿔 주세요.

- 여행자수표를 현금으로 바꾸고 싶은데요.

- 현금으로 얼마나 바꿔 드릴까요?

- 200달러 바꿔 주세요.

- 신분증을 보여 주시겠습니까?

- 여기에 사인해 주세요.

- 잔돈으로 바꿔 주시겠어요?

- 한화를 미화로 바꿀 수 있을까요?

How would you like this exchanged?
하우 우쥬 라익 디스 액스채인짓

Please exchange it into dollars.
플리즈 익스채인짓 인투 달러스

I would like to cash a traveler's check.
아이 우드 라익 투 캐쉬 어 트레블러스첵

How much do you want to cash?
하우머치 두 유 원 투 캐쉬

I'd like to cash 200 dollars.
아잇 라익 투 캐쉬 투헌드레드달러스

Would you show me your I.D.?
우쥬 쇼우 미 유어 아이디

Please, sign here.
플리즈 싸인 히얼

Could you give me some coins?
크쥬 깁 미 썸 코인스

Can I exchange Korean won into US dollars?
캐나이 익스체인지 코리언 원 인투 유에스 달러스

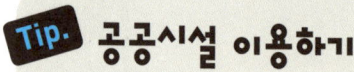

Tip. 공공시설 이용하기

전화

해외에서 가장 흔한 방법은 공중전화를 이용하는 것이다. 전화카드는 $5, $10, $20짜리가 있다.

콜렉트콜

수신자가 요금을 지불하는 제도로 여행객으로서는 부담이 덜 가는 장점이 있다.

국제 다이얼 통화

직접 통화할 수 있어 번호만 알면 번거로움이 없다.

미국에서 한국 서울의 337-1737로 전화하는 경우			
011	82	2	337-1737
미국 식별번호	한국 국가번호	서울(지역번호)	수신자 번호

※ 서울 지역번호 02에서 '0'은 다이얼하지 않는다.

우체국

호텔 투숙시에는 프런트에 가서 부쳐 달라고 부탁해도 되지만 보통은 우표를 사서 우체통에 넣는다.

은행에서

환전할 때는 여권(passport)이 필요하므로 잊지 않도록 하자. 환전은 은행뿐 아니라 환전소에서도 가능하다.

국제전화신용카드

현금 없이도 전화통화가 가능한 후불제 카드로 해외에서 이용하기에 좋다. 한국통신에 신청하여 KT카드를 발급받으면 각 개인에게 고유한 카드번호와 비밀번호가 부여된다. 호텔전화, 일반전화, 공중전화 등 모든 전화를 이용할 수 있다.

잠깐만!!

주화는 국내에서 교환이 가능하지 않다. 기념으로 남기는 것 외에는 다 쓰도록 한다.

Chapter 10

긴급상황

1 분실 및 도난 사고
2 교통사고
3 건강 이상(1)
4 건강 이상(2)
5 건강 이상(3)
Tip. 여행 중 긴급상황 대처하기

Chapter 10 긴급상황 — 분실 및 도난 사고

- 여권을 잃어버렸습니다.

- 제 지갑을 도난당했습니다.

- 가방을 택시에 놓고 내렸어요.

- 경찰서에 전화해 주세요.

- 한국 대사관은 어떻게 갑니까?

- 한국어 아는 분을 부탁합니다.

- 분실 증명서를 만들어 주세요.

- 그것을 재발급해 주세요.

- 바로 재발급됩니까?

I lost my passport.
아이 러슷 마이패스폿

My purse was stolen.
마이펄스 워스 스톨른

I left my bag in the taxi.
아이 레프트 마이백 인 더 택시

Call the police station, please.
컬 더 폴리스테이션 플리즈

How can I go to the Korean Embassy?
하우 캐나이 고우 투 더 코리언앰배시

Can I talk to someone who speaks Korean?
캐나이 턱 투 썸원 후 스픽스 코리언

Can I make a theft report please?
캐나이메이커 떼픗 리폿 플리즈

I'd like to get it reissued.
아잇 라익 투 게릿 리이슈드

Could you reissue one right away?
크쥬 리이슈 원 라이터웨이

Chapter 10 긴급상황 — 교통사고

- 위급합니다!

- 경찰을 불러 주세요.

- 교통사고를 신고하려고 합니다.

- 다친 사람이 있습니까?

- 제 친구가 피를 흘립니다.

- 알겠습니다. 지금 어디에 있습니까?

- 시청 근처의 조지가에 있습니다.

- 알겠습니다. 지금 곧 가겠습니다.

- 당신은 그 사고에 관련된 사람인가요?

It's an emergency!
잇썬 이머젠씨

Call the police please.
컬 더 폴리스 플리즈

I'd like to report a traffic accident.
아잇 라익 투 리포터 트래픽엑씨던

Is anyone injured?
이스 애니원 인쥬어드

My friend is bleeding.
마이 프렌디스 블리딩

O.K. Where are you now?
오케이 웨어 아 유 나우

We are on George Street near the Town Hall.
위 아 언 조지스트릿 니어 더 타운홀

O.K. We'll be there right away.
오케이 위일 비 데어 라이터웨이

Were you involved in the accident?
워 유 인발브딘 디 액씨던트

Chapter 10 긴급상황 건강·이상 (1)

- 이 부근에 병원이 있습니까?

- 병원에 데려다 주세요.

- 몸살로 온몸이 쑤셔요.

- 아파죽겠어요.

- 여기가 아픕니다.

- 나는 거의 아무 것도 먹지 못합니다.

- 이 약을 얼마나 오랫동안 복용해야 하나요?

- 낫는 데 얼마나 걸릴까요?

- 여행을 계속 할 수 있을까요?

Is there a hospital around here?
이스 데어러 하스피틀 어라운 히어

Please take me to the hospital.
플리즈 테익 미 투 더 하스피를

My body aches all over.
마이 바디 에익스 얼오우버

It's killing me.
잇스 킬링 미

I have pain here.
아이 해버 페인 히어

a headache	
어 햇애익	
두통	
a migraine	cramps
어 마이그래인	크램스
편두통	경련
	swelling
	스웰링
	부풀어오르기

I cannot eat anything.
아이 캔넛 잇 애니띵

How long should I take this medicine?
하우롱 슈다이 테익 디스 메디슨

How long will it take to recover?
하우롱 위릿 테익투 리커버

Can I continue travelling?
캐나이 컨티뉴 트래블링

Chapter 10 긴급상황 건강·이상 (2)

- 체온을 재 보겠습니다.

- 혈액형은 A형입니다.

- 입원을 해야 하나요?

- 통증이 심합니다.

- 통증이 그렇게 심하지는 않아요.

- 얼마나 나빠졌습니까?

- 저는 알러지 체질입니다.

- 저는 고혈압이 있어요.

- 여행자보험에 들었습니다.

Let me take your temperature.
렛 미 테이큐어 템프러쳐

My blood type is A.
마이 블럿타입 이스 에이

Do I have to be admitted to the hospital?
두 아이 햅 투 비 앳미텃 투더하스피틀

It hurts a lot.
잇 헐스 어랏

It doesn't hurt much.
잇 더슨 헐트머치

How bad is it?
하우 벧 이스잇

I have allergies.
아이 햅 앨러지스

I have high blood pressure.
아이 햅 하이블럿프레셔

I have traveler's insurance.
아이 햅 트래블러스 인슈런스

Chapter 10 긴급상황 건강 이상 (3)

- 엑스레이를 찍어 봅시다.

- 상태가 어떻습니까?

- 혈액형이 무엇입니까?

- 이 병원에는 약국이 없습니다.

- 약국을 찾고 있습니다.

- 이 처방전대로 약을 지어 주세요.

- 이 약은 어떻게 먹습니까?

- 하루 세 번 식후에 드세요.

- 이 처방전을 가지고 약국으로 가세요.

Let's take an X-ray.
렛스 테이컨 엑스레이

How do you feel now?
하우 두 유 필 나우

What's your blood-type?
왓스유어 블럿타입

There's no pharmacy in this hospital.
데어스 노 파머씨 인 디스 하스피틀

I'm looking for a pharmacy.
아임 루킹 포러 파머시

Please, fill this prescription.
플리즈 필 디스 프리스크립션

How do I take this medicine?
하우 두 아이 테익 디스 메디슨

Take these 3 times a day after meals.
테익 디스 쓰리 타임서 데이 애프터 미일스

Take this prescription to the pharmacy.
테익 디스 프리스크립션 투 더 파머씨

여행 중 긴급상황 대처하기

여권을 잃어버렸을 때

여권을 잃어버리면 여행도 할 수 없고 한국으로 돌아올 수도 없으므로 잘 간수해야 한다. 만일 여권을 잃어버리면 곧바로 대사관이나 영사관 등에서 재발급 수속을 밟는다.

여행자수표를 잃어버렸을 때

여행자수표는 분실증명서가 있으면 2~3일만에 재발급이 가능하다. 발행한 은행의 현지 지점으로 가는 것이 가장 빠르지만, 지점이 없을 경우에는 계약은행으로 가야 한다.

항공권을 분실했을 때

항공권을 잃어버리면 거의 모든 항공사에서 재발급을 해 준다.

분실 · 도난 · 사고

위험한 상황에 대비하려면 머물고 있는 주소, 방 번호 등을 알아 두는 것이 좋다.

배낭이나 물건을 분실했을 때

경찰서에 신고하여 분실증명서를 받아오면 보험가입자에 한해서 보상이 가능하다.

교통사고가 났을 때

만약의 사고를 대비해서 최근 해외여행보험에 드는 것이 선택이 아닌 필수가 되었다. 사고를 당했을 경우 긴급구조 요청을 하고, 보험 청구를 위해 영수증도 받아 놓도록 한다.

병이 났을 때

제일 좋은 방법은 가벼운 증상일 경우를 대비하여 여행을 떠나기 전에 비상약을 준비해 두는 것이다. 만약 심각한 상태일 경우에는 교환에게 문의하여 병원에 가거나 도움을 요청하도록 한다.

Chapter 11 귀국

1. 항공권 예약하기
2. 항공권 예약 변경하기
3. 항공권 예약 확인하기
4. 항공사 카운터 체크인하기
5. 결항 및 비행기를 놓쳤을 때

Tip. 귀국 절차

Chapter 11 귀국 항공권 예약하기

- 서울로 가는 비행기편이 있습니까?

- 서울행 비행기를 예약하고 싶습니다.

- 언제 떠나실 겁니까?

- 다음 주 토요일입니다.

- 연락처를 알려 주십시오.

- 성함의 철자가 어떻게 됩니까?

- 서울행 비행기의 시간표를 알려 주세요.

- 대기자 명단에 올려 주세요.

- 전화로 예약 상황을 확인할 수 있습니다.

Do you have any flights to Seoul?
두 유 햅 애니 플라잇투 서울

I'd like to make a reservation for Seoul.
아잇 라익 투 메익커 레서배이션 포 서울

When would you like to leave?
웬 우쥬 라익 투 리입

Immediately
임미디앳리
당장에

In a couple of days
이너 커프럽 데이스
며칠 내에

Next Saturday.
넥스 쎄러데이

May I have your phone number please?
매이아이 햅 유어 폰넘버 플리즈

How do you spell your name?
하우 두유 스펠 유어내임

Please telll me your flight schedule to Seoul.
플리즈 텔 미 유어 플라잇스케쥴 투 서울

Please put my name on the waiting list.
플리즈 풋 마이내임 언 더 웨이팅리스트

You can check the status by calling.
유캔 첵더 스태터스 바이컬링

Chapter 11 귀국 항공권 예약 변경하기

- 예약을 변경하려고 합니다.

- 어떻게 변경하시겠어요?

- 다음 주 월요일에 떠나고 싶습니다.

- 다음 주 월요일에는 자리가 없습니다.

- 다음 주 토요일은 어떻습니까?

- 다음 주 토요일은 가능합니다.

- 예약을 취소하려고 합니다.

- 비행날짜를 바꿔 주세요.

- 다음 비행기는 언제 있습니까?

I'd like to change my reservation.
아잇 라익 투 채인지 마이 레저베이션

How would you like to change it?
하우 우쥬 라익 투 채인짓

I want to leave next Monday.
아이 원 투 리브 넥숏 먼데이

There aren't any seats next Monday.
데어아른 애니 씻스 넥숏먼데이

How about next Saturday?
하우 어바웃 넥숏새러데이

Next Saturday is available.
넥숏새러대이 이스어배일러블

I'd like to cancel my reservation.
아잇 라익 투 캔슬 마이 레저베이션

I want to change my flight date.
아이 원투 채인지마이 플라잇데잇

When is the next flight?
웨니즈 더 넥숏 플라잇

Chapter 11 귀국 항공권 예약 확인하기

- 예약을 확인하고 싶습니다.

- 비행기편을 말씀해 주십시오.

- AN 825기입니다.

- 내일 아침 8시에 서울로 떠나는 비행기로군요.

- 예약이 확인되었습니다.

- 명단에 없습니다.

- 어떻게 해야 하나요?

- 그밖에 또 필요한 것이 있습니까?

- 아니오, 없습니다.

I'd like to confirm my reservation.
아잇 라익 투 컨펌 마이 레저베이션

| check on |
| 채컨 |
| 확인 |
| reschedule |
| 리스케줄 |
| 변경 |

What's your flight number please?
왓스 유어 플라잇넘버 플리즈

It's A.N. 825.
잇스 에이엔 에잇투파입

You're leaving for Seoul tomorrow at 8 a.m.
유어 리빙 포 서울 투마로우 앳 에잇 에이엠

Your reservation is confirmed.
유어 레저베이션 이스 컨펌드

I don't see your name on the list.
아이 돈 씨 유어 내임 언 더 리스트

What can I do?
왓 캐나이 두

Is there anything else?
이스 데어 애니띵 엘스

No. That's all.
노우 댓스 얼

Chapter 11 귀국 항공사 카운터 체크인하기

- 기내에 몇 키로까지 가져갈 수 있습니까?

- 무게 초과당 얼마입니까?

- 탑승 시간은 언제입니까?

- 몇 번 탑승구죠?

- 카운터가 어디입니까?

- 공항세를 내야 합니까?

- 정시에 출발합니까?

- 짐이 초과되었습니다.

- 추가요금은 얼마입니까?

What's the weight limit for carry-ons?
왓스 더 웨잇리밋 포 케리언스?

What's the charge for oversized baggage?
왓스 더 차지 포 오버싸이즈 배기지?

When is the boarding time?
웨니스 더 보오딩타임

What's the gate number?
왓스 더 게잇넘버

Where is the check-in counter?
웨어리스 더 첵인카운터

Is airport tax required?
이스 에어폿 택스 리콰이엇

Will my flight depart on time?
월 마이플라잇 디팟 언타임

Your baggage is over the limit.
유어배기지 이스 오우버더리밋

How much is the extra charge?
하우 머치 이스 디 엑스트러 차아지

Chapter 11 귀국
결항 및 비행기를 놓쳤을 때

- LA로 가는 연결 비행기를 지금 막 놓쳤습니다.

- 다음 편으로 예약해 드리겠습니다.

- 다음 편에 태워 드리겠습니다.

- 오늘 중으로 도착지에 도착할 수 있을까요?

I just missed my connecting flight to Los Angeles.

아이 저슷 미스드 마이 커넥팅 플라잇 투 로스앤젤레스

We can book you on the next flight.

위 캔 북 유 온 더 넥스트 플라잇

We'll get you on the next flight.

위일 겟 유 온 더 넥스트 플라잇

Will I be able to get to my destination today?

윌 아이 비 에이블 투 겟 투 마이 데스티네이션 투데이

Tip. 귀국 절차

항공권 예약 확인

귀국할 때는 출발 3일(72시간) 전에 예약을 재확인해 두도록 한다. 재확인 하지 않으면 예약이 취소되는 경우가 많다. 출발시간 2시간 전에 공항에 도착해서 미리 체크인을 마쳐야 한다. 공항의 출입국 절차는 특별한 경우를 제외하고는 거의 비슷하다. 항공사 카운터에서 여권과 항공권을 제시하고 탑승권을 발부받고, 탁송화물이 있으면 부친다.

여행을 마치고 귀국할 때는 과도한 쇼핑으로 고민하는 사람들도 간혹 있다. 출·입국할 때 세금을 내야 반입이 되는 물품이 있으므로 반입금지 품목과 높은 세율이 적용되는 일부 사치품은 자제하는 것이 좋다.

공항에 도착하면 한국을 출발할 때 반쪽을 떼어 보관해 두었던 출입국신고서의 나머지 반쪽을 입국 심사시 제출하면 되고 세관신고서는 세관 검사를 통과할 때 제출하면 된다.

세관 신고는 녹색신고와 적색신고가 있는데, 녹색신고는 해외에서 구입한 물품의 총 가격이 미화 $400 이내의 경우와 특별히 신고를 요하는 품목이 없는 경우의 자진신고자를 위한 출구이다.